Wild, melancholisch
und erhebend

Ann Dinsdale

Wild, melancholisch und erhebend

Die Brontës in Haworth

Mit Fotos von Simon Warner

Aus dem Englischen
von Brigitte Beier

GERSTENBERG

Für meine Kinder Emily und Joe

Inhalt

Die Familie Brontë

Das Schaffen der Brontës

Die Welt der Brontës

Das Erbe der Brontës

Anhang

Die Familie Brontë

Patrick Brontë

Gehörte ich in der Welt zu den ruhigen, gelassenen Menschen, die den üblichen Bahnen folgen, wäre ich nicht zu dem geworden, der ich bin, und hätte höchstwahrscheinlich nicht solche Kinder gehabt. Ich habe nichts dagegen, wenn Sie und andere verehrte Freunde mich als ein wenig exzentrisch darstellen; Sie sollten jedoch nicht behaupten, dass ich voller Wut Kaminvorleger verbrannt, Stuhllehnen abgesägt und das Seidenkleid meiner Frau zerrissen hätte (…).

Patrick Brontë in einem Brief an Elizabeth Gaskell von 1857

Elizabeth Gaskell veröffentlichte 1857, zwei Jahre nach Charlotte Brontës Tod, eine Biografie ihrer Schriftstellerkollegin, die sie noch persönlich kennengelernt hatte – wie auch deren Vater Patrick Brontë. Ihn porträtiert sie darin wie folgt:

> Der Geistliche Patrick Brontë stammt aus der irischen Grafschaft Down. Sein früh verwaister Vater Hugh war von Süd- nach Nordirland gegangen und hatte sich in der Gemeinde Ahaderg bei Loughbrickland niedergelassen. Hugh Brontë lebte in bescheidenen Verhältnissen, soll aber Nachfahre einer alten Familie gewesen sein. (…) Er heiratete jung und zog mit dem Ertrag der paar Morgen Land, die er bewirtschaftete, zehn Kinder auf. Die Angehörigen dieser großen Familie sahen bemerkenswert gut aus. Noch im Alter war Mr Brontë dank seiner Größe, seiner edlen Kopfform und seiner aufrechten Haltung eine auffällige Erscheinung. In seiner Jugend muss er ausgesprochen attraktiv gewesen sein.

Wie die Familie ursprünglich hieß, ist ungewiss. In Dokumenten finden sich die Schreibweisen »Brunty«, »Prunty« und »Bruntee«. Patrick Brontë entwickelte früh eine »Neigung zu Büchern« und gründete als 16-Jähriger eine eigene Schule. Der Geistliche Thomas Tighe, ein Cambridge-Absolvent, der ihn als Hauslehrer für seine Kinder beschäftigte, wurde auf seine Fähigkeiten aufmerksam.

Wann Patrick Brontë den Entschluss fasste, die kirchliche Laufbahn einzuschlagen, ist nicht bekannt, doch offensichtlich spielte Tighe dabei eine wichtige Rolle. Er unterrichtete Patrick in Latein und Griechisch und bereitete ihn auf das Studium vor.

Die Aufnahme, die vom Turm der alten Kirche aus gemacht wurde, ist die älteste Fotografie des Pfarrhauses in Haworth und zeigt es so, wie es wohl zu Zeiten der Brontës aussah.

1802 trat Patrick ins St. John's College in Cambridge ein, und hier änderte er seinen Namen von Brunty in das eindrucksvoller wirkende Brontë. Vielleicht eiferte er damit seinem Helden Admiral Nelson nach, der 1799 zum Herzog von Bronte erhoben worden war. *Bronté* ist das griechische Wort für Donner oder Gewitter – ein passender Name für einen ehrgeizigen jungen Mann. Im Laufe seines Lebens benutzte Patrick Brontë verschiedene Akzente auf dem »e«; beim Druck seiner Erzählungen und Gedichte wählten die Setzer das Trema, und diese Variante übernahmen die Brontë-Kinder.

Da Patrick ein Stipendium erhielt, erwartete man von ihm, dass er wohlhabendere Studenten beim Lernen unterstützte. Wieder erregte seine Begabung Aufmerksamkeit, und einflussreiche Persönlichkeiten, darunter der Unterhausabgeordnete William Wilberforce, förderten ihn in Cambridge. Patrick betrachtete Bildung als das beste Mittel zum Aufstieg, und so studierte er fleißig, bis er 1806 seinen Abschluss erlangte.

Nach der Ordination arbeitete Patrick zunächst als Hilfsgeistlicher in Wethersfield (Essex), dann in Wellington (Shropshire) und ab 1809 schließlich im nördlich gelegenen Dewsbury (Yorkshire). 1811 wurde er in Hartshead-cum-Clifton (ebenfalls Yorkshire) zum Pfarrer mit Einnahmen aus Pfründen ernannt; während seiner Zeit dort nahm er im Internat Woodhouse Grove Prüfungen in den klassischen Spra-

chen ab. Hier lernte Patrick 1812 Maria Branwell aus Cornwall kennen, als sie ihren Onkel, den Rektor der Schule, besuchte.

Am 29. Dezember 1812 wurde das Paar in
der Kirche von Guiseley nahe Leeds getraut.
Wahrscheinlich richteten sie sich zunächst in
Patricks möblierten Zimmern auf der Lousy
Thorn Farm ein und bezogen später Clough
House im Dorf Hightown. In Hartshead
kamen dann die beiden ältesten Töchter,
Maria und Elizabeth, zur Welt. Kurz nach Elizabeths Geburt erhielt Patrick eine Stelle als Hilfsgeistlicher auf Lebenszeit in Thornton bei Bradford, und die Familie zog 1815 ins Pfarrhaus an der

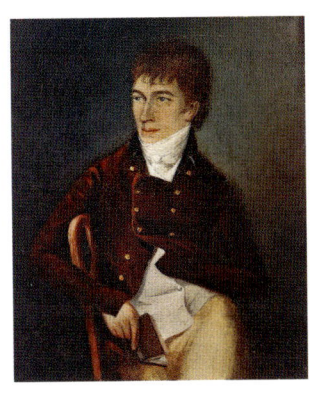

Porträt von Patrick Brontë als jungem Mann, gemalt von einem unbekannten Künstler.

Market Street um. Hier wurden kurz nacheinander die vier berühmten Brontë-Kinder geboren: 1816 Charlotte, 1817 Patrick Branwell,
1818 Emily Jane und 1820 Anne. Noch im selben Jahr zog die Familie nach Haworth, da Patrick auf die dortige
Pfarrstelle berufen worden war. In einer Zeit
starrer Klassenschranken hatte es der Sohn
irischer Kleinbauern zum respektierten, wenn
auch schlecht bezahlten Geistlichen der Mittelschicht gebracht.

Nur 18 Monate nach dem Umzug starb
Maria Brontë nach schwerer Krankheit, und
Patrick stand mit 44 Jahren als Witwer mit sechs
kleinen Kindern allein da. Um die Arzthonorare
für seine Frau begleichen zu können, hatte er sich
in Schulden gestürzt, und die Freunde aus Thornton fehlten ihm; er sah sich als »Fremder in einem

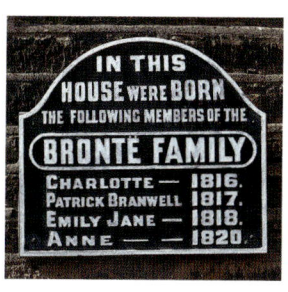

Gedenktafel an der Mauer des alten Pfarrhauses von Thornton, in dem die vier jüngeren Brontë-Kinder geboren wurden.

fremden Land«. Doch hilfsbereite Menschen liehen ihm Geld, damit
er die Pflegekosten begleichen konnte. Elizabeth Branwell, die ältere Schwester seiner verstorbenen Frau, war bereit, den Haushalt im
Pfarrhaus zu führen und sich um die Kinder zu kümmern. Ursprünglich war dies nur als Übergangslösung gedacht, doch nachdem Patrick

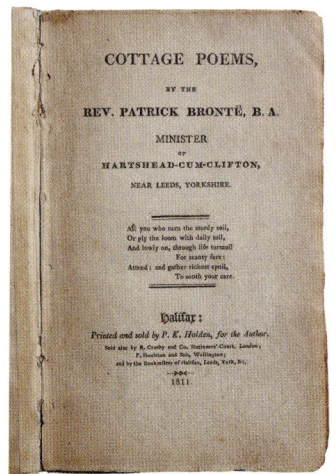

Patrick Brontës Cottage Poems *erschienen 1811, während seiner Zeit in Hartshead.*

dreimal vergeblich versucht hatte, wieder zu heiraten, richtete sich Elizabeth dauerhaft in Haworth ein.

Da Patrick Brontë kein eigenes Vermögen hatte, war die Familie auf sein bescheidenes Gehalt angewiesen. Nach dem Tod seiner beiden ältesten Töchter scharte er die jüngeren Kinder in Haworth um sich und gab ihnen Hausunterricht. Damals galt umfassende Bildung für Mädchen als überflüssig, doch der fortschrittlich eingestellte Patrick Brontë ermutigte alle seine Kinder, eifrig zu lernen. Später erklärte er Elizabeth Gaskell: »Häufig meinte ich Anzeichen für Begabungen (bei ihnen) zu entdecken, wie ich sie selten oder nie bei anderen ihres Alters erlebt hatte.« Um die Talente seiner Kinder zu fördern, war er zu finanziellen Opfern bereit: Emily und Anne erhielten Musikunterricht, und ein am Ort lebender Künstler gab vermutlich allen Kindern Zeichenstunden. Später zahlte Patrick Brontë dem angesehenen Maler William Robinson aus Leeds die stattliche Summe von zwei Guineen die Woche, damit er Branwell in der Kunst der Ölmalerei unterrichtete.

Während der ersten Zeit als Hilfsgeistlicher veröffentlichte Patrick Brontë Sammlungen von Gedichten und Prosa, die weniger Gebildeten moralische Orientierung bieten sollten. Dabei handelte es sich zwar nicht um große Literatur, doch immerhin waren so Bücher, die den Familiennamen trugen, den Brontë-Kindern ein vertrauter Anblick. Der Aufstieg ihres Vaters aus bitterster Armut muss die Geschwister tief beeindruckt haben. Während es für Branwell eine Last war, in die Fußstapfen des Vaters zu treten, sah sich Charlotte durch das väterliche Vorbild in ihren literarischen Ambitionen beflügelt.

Beim ersten Zusammentreffen mit Elizabeth Gaskell war Patrick Brontë über siebzig und hatte seine Frau und fünf seiner sechs Kinder verloren. In den Stolz auf Charlottes Ruhm mischte sich die Angst, sie zu verlieren, und so war er ein schwieriger, fordernder Vater geworden. Gaskell hatte sich ihr Bild von Patrick Brontë allerdings schon drei Jahre vor ihrer ersten Begegnung gemacht – unter dem Eindruck des Klatsches, den Lady Kay-Shuttleworth verbreitete, bei der sie Charlotte kennengelernt hatte, und aufgrund der Geschichten einer entlassenen Bediensteten, die sie unkritisch übernahm. So schuf Gaskell in ihrer Biografie über Charlotte viele Mythen um Patrick Brontë. Sie beschreibt ihn darin als einen »unberechenbaren, exzentrischen, wilden Vater«, als distanzierte, ja furchterregende Gestalt und macht ihn für die »merkwürdigen Verhältnisse« verantwortlich, in denen Charlotte aufwuchs.

Eine von mehreren Fotografien, die Patrick Brontë in hohem Alter zeigen.

Nach Charlottes Tod lebte Patrick, versorgt von ihrem Witwer Arthur Bell Nicholls, noch sechs Jahre im Pfarrhaus, wo er am 7. Juni 1861 im Alter von 84 Jahren starb. Auch wenn seine eigenen literarischen Ambitionen unerfüllt blieben, war Patrick Brontë doch sehr stolz darauf, dass er der Vater genialer Kinder war.

Handschriftliche Notiz von Charlotte Brontë, beglaubigt von ihrem Vater. Nach ihrem Tod schnitt Patrick Brontë Charlottes Briefe in Schnipsel, um den vielen Bitten um handschriftliche Zeugnisse nachkommen zu können, die Verehrer ihrer Bücher vorbrachten.

Maria Branwell

In späteren Jahren bemühte sich Charlotte verzweifelt, sich ihre Mutter ins Gedächtnis zurückzurufen, doch sie konnte sich nur an zwei oder drei Bilder erinnern, etwa wie jene in der Abenddämmerung im Wohnzimmer des Pfarrhauses von Haworth mit dem kleinen Patrick Branwell spielte. Doch natürlich sind Erinnerungen an Erlebnisse im Alter von vier oder fünf Jahren sehr bruchstückhaft.

Elizabeth Gaskell in *The Life of Charlotte Brontë* von 1857

In der Geschichte der Brontës bleibt die Mutter eine schattenhafte Gestalt. Als sie 38-jährig starb, war das älteste ihrer sechs Kinder gerade sieben Jahre alt und das jüngste noch ein Säugling.

Maria Branwell wuchs in einer ganz anderen Welt als Patrick Brontë auf. Sie wurde am 15. April 1783 als eines der sieben überlebenden Kinder von Thomas Branwell und seiner Frau Anne Carne geboren. Ihr Vater war ein erfolgreicher Kaufmann mit Landbesitz, ihre Mutter die Tochter eines reichen Silberschmieds. Die Familie Branwell bewohnte ein vornehmes Haus in der Chapel Street von Penzance in Cornwall, zu Marias Zeiten ein belebter Marktflecken mit einem Lesezirkel für Damen sowie Konzert- und Versammlungsräumen, in denen im Winter Bälle stattfanden. Nach dem Tod der Eltern reiste die 29-jährige Maria zu Beginn des Jahres 1812 nach Yorkshire, um Tante und Onkel zu besuchen. Elizabeth Gaskell beschreibt sie als »sehr kleine Person; nicht wirklich hübsch, dafür aber sehr elegant, stets schlicht und geschmackvoll und damit ihrem Wesen entsprechend gekleidet. Man könnte sich bei manchen Details an die Kleidung einiger Romanheldinnen ihrer Tochter erinnert fühlen.«

Marias Tante Jane war mit John Fennell verheiratet, der kurz zuvor zum Rektor des Methodisten-Internats Woodhouse Grove bei Leeds berufen worden war. Tante Jane hatte sich um die Hauswirtschaft der Schule zu kümmern, und Maria sollte ihr dabei helfen. Im Juli desselben Jahres lernte Maria hier Patrick Brontë kennen, der die Schule aufsuchte, um Prüfungen in Latein und Griechisch abzunehmen. Ende August willigte Maria in die Ehe mit Patrick ein; offenbar war es eine Liebesheirat. Ein paar Wochen vor der Hochzeit schrieb Maria an ihn:

> Nach diesen Zeilen wirst Du nicht mehr daran zweifeln, dass Dir mein ganzes Herz gehört. Vor zwei Monaten hätte ich es nicht für möglich gehalten, dass Du meine Gedanken und meine Neigungen so sehr in Beschlag nehmen könntest, und noch weniger, dass ich so frei sein würde, Dir dies zu gestehen. (…) Ich spüre, dass mein Herz eher bereit ist, sich mit der Erde als mit dem Himmel zu verbinden.

Am 29. Dezember 1812 fand in der St. Oswald's Church in Guiseley eine Doppelhochzeit statt: Neben Maria und Patrick wurden auch Marias Cousine Jane und William Morgan getraut, wobei die Bräutigame für das jeweils andere Paar die Trauzeremonie abhielten und die Bräute wechselseitig als Brautjungfern fungierten.

Patrick und Maria begannen ihr Eheleben wahrscheinlich auf der Lousy Thorn Farm, auf der Patrick schon als Junggeselle gewohnt hatte. Danach zogen sie ins Clough House in Hightown, wo Maria und Elizabeth zur Welt kamen. 1815 siedelte die Familie Brontë nach Thornton bei Bradford um; dort schenkte Maria vier weiteren Kindern das Leben.

Maria scheint so etwas wie ein Blaustrumpf gewesen zu sein. In Thornton schrieb sie eine Abhandlung über den Nutzen der Armut für den Glauben. Nach ihrem Tod notierte Patrick Brontë auf dem Manuskript:

Diese Kopie eines Porträts ihrer Mutter fertigte Charlotte im Alter von 14 Jahren.

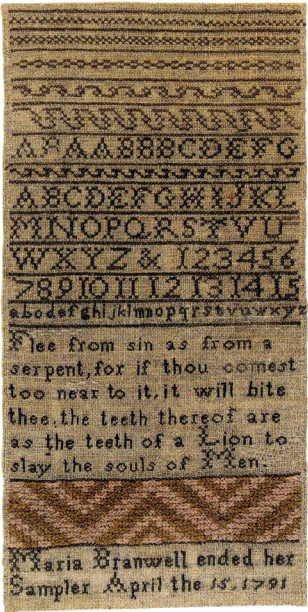

Dieses Sticktuch fertigte Maria Branwell als junges Mädchen.

Aquarell des Hauses in der Chapel Street 25 in Penzance, in dem Maria und Elizabeth Branwell aufwuchsen.

»Das Obige schrieb meine geliebte Frau und sandte es zur Veröffentlichung an eine Zeitschrift – aufbewahren zu ihrem Gedächtnis.« In der Abhandlung erörtert Maria, dass Armut an sich kein Übel sei, denn den Armen falle es mangels der Zerstreuungen des Wohlstands leichter, ein frommes Leben zu führen. Das mag aus heutiger Sicht naiv erscheinen, doch sie schrieb mit großer Ernsthaftigkeit und vertrat Ansichten, die damals unter besonders bibeltreuen Christen verbreitetes Gedankengut waren. Die größte Bedeutung des Manuskripts aber liegt vielleicht darin, dass es ihren Töchtern ein Beispiel dafür bot, dass eine Frau durchaus mit Blick auf Veröffentlichung schreiben konnte.

Trotz Marias ständiger Schwangerschaften führte die Familie in Thornton ein geselliges Leben, in dessen Mittelpunkt die wohlhabende Familie Firth und deren großer Freundeskreis standen. Dies änderte sich, als die Brontës nach Haworth umzogen, denn kurz danach erkrankte Maria, nach heutiger Vermutung an Gebärmutterkrebs. Während die Kinder anderswo im Haus still spielten, war Maria ans Bett gefesselt und litt monatelang unerträgliche Schmerzen. Ihre Pflegerin Martha Wright erinnert sich, dass Maria an Tagen, an denen sie sich besser fühlte, darum bat, sie im Bett aufzurichten, damit sie ihr beim Säubern des Kaminrosts zuschauen konnte, weil Martha »es so machte, wie man es in Cornwall tut«. Martha hörte auch, wie Maria in ihrer Qual ausrief: »Oh Gott, meine armen Kinder – oh Gott, meine armen Kinder!« Alle Bediensteten erinnerten sich daran, welchen Kum-

mer Maria der Anblick ihrer Kinder bereitete, die bald mutterlos sein würden, und wie sie immer nur eines zur Zeit um sich ertrug. Als sie am 15. September 1821 starb, saßen ihr Mann und ihre Schwester an ihrem Bett, und die Kinder und das Kindermädchen standen am Fußende. In ihrem Todeskampf war sie, wie Patrick Brontë schreibt, »oft verwirrt«. Sie starb nach seinen Worten »zwar nicht freudig, aber doch ruhig und in dem frommen und zugleich demütigen Vertrauen, dass Christus ihr Retter und der Himmel ihre ewige Heimstatt sein werde«.

In den romantischen Ruinen von Kirkstall Abbey bei Leeds soll Patrick Maria seinen Heiratsantrag gemacht haben.

Patrick hob Marias Brautbriefe auf, und erst lange nach ihrem Tod gab er der tief bewegten Charlotte einige zu lesen:

Papa übergab mir ein kleines Päckchen Briefe und Papiere – sagte, sie seien von Mama und ich möge sie lesen – ich habe sie gelesen, in einem Geisteszustand, den ich nicht schildern kann – das Papier war vergilbt, und all die Worte stammten aus einer Zeit, als ich noch nicht auf der Welt war – es war seltsam, zum ersten Mal die Aufzeichnungen eines Geistes zu lesen, aus dem der meinige entsprungen ist – und höchst seltsam – und bitter und süß zugleich, diesen Geist in einem wahrhaft zarten, reinen und edlen Zustand zu finden. (…) Hätte sie nur länger gelebt, hätte ich sie nur gekannt!

Elizabeth Branwell

Als Miss Branwell kam, war sie mir ein Beistand, und das ist sie bis heute
geblieben. Sie teilt Mühen und Sorgen mit mir und ist meinen Kindern
eine liebevolle Mutter.
Patrick Brontë in einem Brief an Reverend John Buckworth von 1821

*E*lizabeth Gaskell schreibt in ihrer Charlotte-Brontë-Biografie:

Nach meiner Überzeugung war Miss Branwell eine freundliche und gewissenhafte Frau mit viel Charakter, allerdings ein wenig engstirnig, wie es oft Menschen eigen ist, die ihr ganzes Leben am selben Ort verbracht haben. Sie war voller Vorurteile und entwickelte bald eine Abneigung gegenüber Yorkshire. (…) Die Kinder begegneten ihr mit Respekt und jener Art von Zuneigung, die aus Achtung herrührt; unbefangen geliebt haben sie ihre Tante, glaube ich, nie.

Elizabeth Branwell hatte schon über ein Jahr bei der Familie Brontë in Thornton verbracht, als sie 1821 mit 45 Jahren ihr gemütliches Heim in Penzance aufgab, um sich dauerhaft um die sechs Kinder ihrer Schwester zu kümmern. Diese Entscheidung wird ihr nicht leichtgefallen sein. Sie kehrte nie nach Cornwall zurück.

In Haworth bezog Elizabeth Branwell das frühere Zimmer ihrer Schwester, und hier brachte sie ihren kleinen Nichten das Nähen und die Grundlagen der Hauswirtschaft bei. Der Ort Haworth muss ihr wie eine fremde Welt erschienen sein; sie verließ das Pfarrhaus praktisch nur zum Kirchgang. An das milde Klima von Cornwall gewöhnt, konnte sie Kälte schwer ertragen. In ihrem Schlafzimmer brannte daher immer ein Feuer im Kamin, und das Klappern der Holzpantinen, mit denen sie ihre Füße vor dem feuchten Steinfußboden schützte, war im ganzen Haus zu hören.

Charlottes Schulfreundin Ellen Nussey schildert Elizabeth Branwell in der Erinnerung an ihren ersten Besuch im Pfarrhaus 1833 als »eine sehr kleine, feine, altmodische Lady; ihre Hauben waren so groß, dass man nach der heutigen Mode ein halbes Dutzend darin unterbringen könnte; dazu kamen falsche Stirnlocken. (…) Sie trug nur Kleider aus Seide. An ihr geselliges Leben in früheren Tagen schien sie mit Wehmut zurückzudenken.«

In vielen Brontë-Biografien erscheint Tante Branwell als verbitterte alte Jungfer, die einen schlechten Einfluss auf die Brontë-Kinder ausübte. Winifred Gerin versteigt sich in ihrer Anne-Brontë-Biografie sogar zu der Behauptung: »Da sie ohne Mutter aufwuchsen, war ihre Kindheit zwangsläufig traurig, doch ›gedrückt von Sünde und Leid‹ hätte sie nicht sein müssen, dafür sorgte allein das düstere Regiment der unverheirateten Tante.« Derlei Anschuldigungen sind völlig aus der Luft gegriffen, denn Elizabeth Branwell war eine lebhafte, intelligente Frau, die für die Zukunft ihrer Nichten Geld zurücklegte und sich auch um ihren Schwager kümmerte. Da er schlechte Augen

Schattenriss von Elizabeth Branwell, die von 1821 bis zu ihrem Tod 1842 bei der Familie Brontë lebte.

Dies ist vermutlich das »japanische Toilettenkästchen«, das Elizabeth Branwell in ihrem Testament ihrem Neffen vermachte.

Der Friedhof von Haworth im Schnee. Bei Gaskell heißt es über Elizabeth Branwell: »Für eine Frau deutlich jenseits der Vierzig stellte es eine gravierende Veränderung dar, sich an einem Ort einzurichten (…), an dem der Schnee bis in den Frühling hinein im Moor liegen bleibt.«

hatte, las sie ihm jeden Tag laut vor. Ellen Nussey erinnerte sich, dass die Debatten über das Gelesene beim Tee fortgeführt wurden, wobei Elizabeth Branwell ihrem Schwager »ohne Scheu die Stirn bot«. Sie hatte in ihrer Jugend als Schönheit gegolten und schockierte Gäste gern, indem sie ihnen von ihrem Schnupftabak anbot.

Elizabeth Branwell starb im Oktober 1842 im Alter von 66 Jahren und wurde in der Gruft der Kirche von Haworth beigesetzt. Kurz nach ihrem Tod schrieb Branwell in einem Brief, dass sie ihn »durch all die schönen Tage der Kindheit« geleitet habe. Es mag sein, dass die Brontë-Kinder sie nicht »unbefangen liebten«, doch sicher achteten sie ihre Tante, die Ordnung und Beständigkeit in ihr Leben brachte. Sie war finanziell unabhängig und beteiligte sich 21 Jahre lang an den Haushaltskosten. Ohne das Erbe ihrer Tante hätten die Schwestern Brontë die Veröffentlichung der *Poems* 1846 sowie von *Sturmhöhe* und *Agnes Grey* 1847 nicht finanzieren können, und so trug sie indirekt auch zum literarischen Erfolg ihrer Nichten bei.

Maria und Elizabeth Brontë

Sie sprach viel über ihre verstorbenen Schwestern Maria und Elizabeth. Sie liebte sie innig, betete sie an, ein Gefühl, das sich beim Erzählen fast auf die Zuhörer übertrug. Ellen Nussey 1871

Wir wissen nur wenig über Maria und Elizabeth, die beiden ältesten Brontë-Kinder, die 1825 im Abstand von nur wenigen Wochen starben. Porträts der beiden Mädchen sind nicht erhalten, und von Maria kennen wir nicht einmal das genaue Geburtsdatum. Getauft wurde sie am 23. April 1814 in der Kirche von Hartshead. Elizabeth kam am 8. Februar 1815 zur Welt, kurz vor dem Umzug der Familie nach Thornton, und wurde dort am 26. August getauft.

Während Mrs Brontës Krankheit passte Maria, gerade einmal sieben, auf die jüngeren Geschwister auf. Die Pflegerin der Mutter erzählte Elizabeth Gaskell: »Man merkte überhaupt nicht, dass in dem Haus Kinder lebten. Sie waren so gute, stille Geschöpfe, die keinerlei Lärm machten.« Die Kinder spielten gewöhnlich draußen im Moor, oder Maria las ihnen aus der Zeitung vor. Patrick Brontë erwähnte Elizabeth Gaskell gegenüber, er habe sich mit Maria schon Jahre vor ihrem Tod »über alles, was gerade aktuell war, ebenso ungezwungen und anregend unterhalten können wie mit einer Erwachsenen«.

Als die Zeit gekommen war, die ältesten Töchter zur Schule zu schicken, schlug Elizabeth Firth, eine Freundin der Familie aus Thornton, die Schule in Crofton Hall bei Wakefield vor, die sie selbst besucht hatte. Maria und Elizabeth gingen 1823 dorthin, doch das Schulgeld war hoch, und so blieben sie nur kurz in dieser Ein-

richtung. Die Gründung einer neuen Schule für Töchter mittel-
loser Geistlicher in Cowan Bridge bei Kirkby Lonsdale muss daher als ideale Lösung erschienen sein. Da eine stattliche Anzahl von
Förderern erhebliche Zuschüsse zu Verpflegung und Unterricht leis-
teten, konnte Patrick allen seinen Töchtern den Besuch der Schule
ermöglichen.

Maria und Elizabeth trafen am 21. Juli 1824 in Cowan Bridge ein,
Charlotte folgte im August und Emily im November. Aus den Schul-
akten geht hervor, dass den Schwestern Brontë eine höhere Schul-

bildung zugedacht war, die ihnen das
Rüstzeug für eine Tätigkeit als Gouvernante geben sollte. Nur für Elizabeth galt
dies nicht; vielleicht war für sie vorge-
sehen, dass sie den Haushalt der Familie
führen sollte.

Der Aufenthalt in Cowan Bridge
hatte verheerende Folgen für die Familie.
In der Schule herrschte ein strenges Regiment; die in *Jane Eyre* beschriebenen
Schrecken an der Lowood-Schule be-
ruhten auf Charlottes eigenen Erfahrungen in Cowan Bridge. Gaskell schreibt

dazu: »Mehr als einmal sagte mir Miss
Brontë, sie hätte sich in *Jane Eyre* nicht
so über Lowood geäußert, wenn sie ge-
ahnt hätte, dass dieser Ort direkt mit
Cowan Bridge gleichgesetzt würde, dennoch gebe es in ihrer Schilderung kein
falsches Wort – sie habe die Institution
damals genau so erlebt.«

*Sticktücher der beiden
ältesten Brontë-Kinder
von 1822. Maria vollendete
ihres am 19. Mai im Alter
von acht, Elizabeth am
22. Juli mit sieben Jahren.*

Schulkameradinnen der Brontës erinnerten sich
später daran, wie Maria von einer Hilfslehrerin
drangsaliert wurde und alle Strafen mit Gleich-
mut ertrug; Charlotte setzte ihr mit der Gestalt
der frommen Helen Burns in *Jane Eyre* ein Denk-

COWAN BRIDGE SCHOOL 1524

mal. Elizabeth hingegen hat offenbar wenig Eindruck bei ihren Mitschülerinnen hinterlassen.
Eine der wenigen überlieferten Äußerungen über
sie stammt von der Rektorin von Cowan Bridge:

Die Schule für Pastorentöchter in Cowan Bridge (Stich von 1824). Charlotte verewigte sie in ihrem Roman Jane Eyre *als die berüchtigte Schule von Lowood.*

Die Zweite, Elizabeth, ist die Einzige aus der Familie, an die ich mich
noch deutlich erinnere. Sie hatte einen beängstigenden Unfall, und ich
nahm sie für ein paar Tage und Nächte zu mir in mein Zimmer, denn dort
war es ruhiger, und ich konnte mich selbst um sie kümmern. Sie war ernstlich am Kopf verletzt, ertrug aber alle Schmerzen mit vorbildlicher Geduld
und stieg dadurch sehr in meiner Achtung.

Als der Winter fast zu Ende war, brach in der Schule eine »leichte
Fieber-« oder gar Typhusepidemie aus. Auch Maria erkrankte,
allerdings an Tuberkulose. Patrick Brontë wurde benachrichtigt und
holte seine Tochter am 14. Februar 1825 nach Hause. Daheim im
Pfarrhaus starb Maria am 6. Mai im Alter von elf Jahren. Sie wurde
neben ihrer Mutter beigesetzt. Auch bei Elizabeth traten Symp-
tome von Schwindsucht auf, und die Nachricht vom Tod ihrer
Schwester veranlasste die Schule, sie ebenfalls nach Hause zu
schicken. Patrick war über ihren Zustand so entsetzt, dass er auch
Charlotte und Emily von der Schule nahm. Sie kamen gerade noch
rechtzeitig, um den Tod ihrer zehnjährigen Schwester am 15. Juni
mitzuerleben.

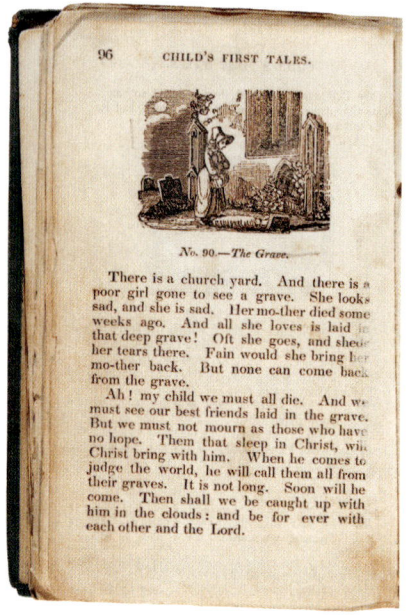

Reverend William Carus
Wilson, Gründer der Schule
in Cowan Bridge, setzte die
von ihm verfassten Erstlese-
geschichten für Kinder regelmäßig im Unterricht ein.
Die Illustrationen zeigen
vielfach grausame Bestra-
fungs- und Todesszenen.

Der frühe Tod der beiden Mädchen muss für die Familie ein furcht-
barer Schlag gewesen sein, zumal
insbesondere Maria für die jüngeren
Geschwister die Mutterrolle über-
nommen hatte. Charlotte quälte sich
den Rest ihres Lebens damit, dass sie
hilflos dem Leiden ihrer Schwestern
hatte zusehen müssen. Mutterlose
Kinder spielen daher in den Werken der Brontës eine bedeutende
Rolle. Jahre später erinnerte sich Ellen Nussey, dass Charlotte häufig
von ihren verstorbenen Schwestern
sprach:

Sie beschrieb Maria als die kleine Mutter unter ihnen, über-
menschlich gut und klug. Doch am ergreifendsten war
es, wenn sie das Leiden ihrer Schwester heraufbeschwor,
und wie diese es mit der Einsicht einer Erwachsenen und
christusgleicher Geduld und Stärke ertragen hatte. (…) Sie
sprach auch von Elizabeth, doch nie mit einem so schmerzlichen Ausdruck wie von Maria.

Charlotte Brontë

*Lewes beschrieb mir gestern Currer Bell, eine kleine, schlichte, kränklich
wirkende Jungfer vom Lande. Und doch, welche Leidenschaft, welch Feuer
in ihr!* George Eliot in einem Brief von 1853

Nach Marias und Elizabeths Tod 1825 hatte die neunjährige
Charlotte Brontë die Pflichten der ältesten Schwester zu übernehmen. Jahre später schrieb Elizabeth Gaskell, Charlottes Freundin
und Biografin: »Ich kann mir gut vorstellen, dass die tiefe, ernste Ge-
fasstheit, die ihrem Gesicht, als ich sie kennenlernte, die Würde eines
venezianischen Porträts verlieh, nicht aus späteren Jahren stammte,
sondern ihr schon von Kindheit an zu eigen war, als sie sich unver-
mutet in der Rolle der Ältesten unter mutterlosen Geschwistern
wiederfand.«

In den folgenden Jahren lebten die vier verbliebenen Kinder im
Pfarrhaus und erhielten Unterricht vom Vater. Unter dem Eindruck
des Verlustes ihrer älteren Schwestern schufen sie sich eine reiche
Fantasiewelt, in der sie sich in »Schutzgeister« verwandelten, ausgestattet mit der Macht, furchtbare Strafen zu verhängen und Tote
zum Leben zu erwecken. Die Kinder zeichneten die Ereignisse in
dieser imaginären Welt in winzigen Büchern auf. Charlotte schloss
sich mit Branwell zu einer literarischen Partnerschaft zusammen, die
für ihre schriftstellerische Entwicklung von großer Bedeutung sein
sollte.

Dass sie und ihre Schwestern eines Tages selbst für ihren Lebensunterhalt würden sorgen müssen, war Charlotte schon in jungen Jahren klar. Die einzige Tätigkeit, die einer wenig begüterten Frau aus
bürgerlichen Verhältnissen damals offenstand, war das Unterrich-

Dieses kleine handgeheftete Buch schrieb Charlotte als Zwölfjährige, es ist ihr frühestes bekanntes Manuskript. Das Buch ist u.a. mit einer Karte des Fantasiereichs Glasstown illustriert.

ten – entweder an einer Schule oder als Gouvernante in einer Familie. Mit diesem Ziel vor Augen trat die 14-jährige Charlotte im Januar 1831 in Miss Woolers Schule in Roe Head, Mirfield, ein. Mary Taylor, eine Mitschülerin, beschreibt die Charlotte jener Zeit wie folgt:

Zum ersten Mal sah ich sie, wie sie in sehr altmodischen Kleidern ziemlich verfroren und elend aus einem Karren mit Verdeck stieg. Das war bei ihrer Ankunft an der Schule von Miss Wooler. Zum Unterricht hatte sie sich umgezogen, aber dieses Kleid sah genauso ältlich aus. Sie wirkte wie eine kleine alte Frau und war so kurzsichtig, dass sie immer etwas zu suchen schien (…). Sie war überaus schüchtern, ja fast scheu, und hatte einen starken irischen Akzent.

Die kleine Gemeinschaft der Schülerinnen von Roe Head bestand aus den Töchtern örtlicher Fabrikanten. Mary Taylor und Ellen Nussey, die sich mit Charlotte anfreundeten, waren modisch gekleidete,

attraktive Mädchen. Charlotte, die sich ihres wenig ansprechenden Äußeren stets
schmerzlich bewusst war, fühlte sich
in dieser Umgebung wie ein seltsa-
mer Vogel. Was ihren Intellekt betraf, war sie selbstbewusster. Sie war
eine Leseratte, kannte viele damals
populäre Bücher und darüber hinaus
antike Autoren. Natürlich war ihr als
Pfarrerstochter die Bibel bestens vertraut – ebenso aber die Werke Lord Byrons,
die als eher unpassende Lektüre für junge Mädchen galten. Nur wenige Monate vor ihrer Abreise nach Roe Head hatte Charlotte einen »Katalog« aller von ihr verfassten Bücher aufgestellt,
insgesamt 22 Bände. Dass sie nun in die zweite
Klasse kam, muss sie sehr gekränkt haben. »Wir
hielten sie für ziemlich ungebildet, denn sie hatte
keine Ahnung von Grammatik und sehr wenig
von Geografie«, erinnerte sich Mary Taylor später.
Doch Charlottes Kenntnisse in Kunst und Literatur machten diese Wissenslücken mehr als wett;
dazu Mary Taylor weiter:

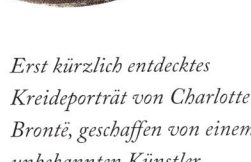

*Erst kürzlich entdecktes
Kreideporträt von Charlotte
Brontë, geschaffen von einem
unbekannten Künstler.*

*Es war Charlotte sehr
bewusst, dass sie eine wenig
attraktive Erscheinung war.
In diesem Brief aus Brüssel
stellt sie sich selbst als hässlichen
Zwerg dar (sie war nur etwa
1,47 Meter groß). In späteren
Jahren schuf sie für ihren Roman* Jane Eyre *eine Hauptfigur ohne äußere Reize.*

> Wiederholt verblüffte sie uns damit, dass sie
> Dinge wusste, die außerhalb unseres Horizonts
> lagen. Die meisten Verse, die wir auswendig ler-
> nen mussten, waren ihr schon vertraut; sie kannte
> den Autor und das Gedicht, dem sie entnommen
> waren, und manchmal sagte sie uns ein oder zwei
> Seiten auf und erzählte uns den Inhalt. (…) Sie
> konnte ungemein gut und schnell zeichnen und
> wusste viel über berühmte Bilder und Maler. (…)
> Die Gedichte und die Zeichnungen, die sie schuf,
> waren zumindest für mich höchst interessant.

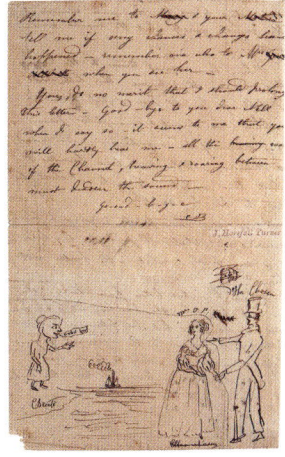

Charlotte lernte fleißig und reüssierte in Roe Head: Sie wurde Klassenbeste und erhielt eine Auszeichnung für ihre Leistungen. Nach ihrer Rückkehr ins Pfarrhaus gab sie ihr Wissen an die Schwestern weiter und kehrte später als Lehrerin nach Roe Head zurück. In den folgenden Jahren gab es dann immer wieder kurze, unglückliche Zeiten, in denen sie als Gouvernante arbeiten musste.

Um diesem Los zu entfliehen, beschlossen die Schwestern, im Pfarrhaus eine eigene Schule zu gründen. Charlotte entschied, dass Emily und sie zuvor eine Zeit lang eine Schule auf dem Kontinent besuchen sollten. Im Februar 1842 fuhren die beiden Schwestern, finanziell unterstützt von ihrer Tante, nach Brüssel, um ihr Wissen im Pensionat Heger zu erweitern, einer hoch angesehenen Mädchenschule. Charlotte hatte die Tante mit dem Argument überzeugt, dass es für den Erfolg der geplanten Schule in Haworth wichtig sei, sich durch Fremdsprachenkenntnisse von anderen Schulen abzuheben. Wahrscheinlicher ist, dass Charlotte sich danach sehnte fortzukommen – und zwar nach Brüssel, wovon ihr die Schwestern Taylor in ihren Briefen vorschwärmten; sie hielten sich dort ebenfalls zu Bildungszwecken auf. Das Geld von Tante Branwell reichte nur für sechs Monate, doch Charlotte rechnete damit, dass sie mit eigenem Unterricht genug Geld zusammenbekämen, um mindestens ein Jahr dort bleiben zu können. Im Oktober erreichte sie die Nachricht, dass ihre Tante im Sterben lag. Sogleich kehrten sie nach Haworth zurück, kamen aber nicht mehr rechtzeitig zur Beerdigung. Sie hatten einen Brief im Gepäck, in dem Monsieur Heger dem Vater sein Bedauern darüber ausdrückte, solch außergewöhnliche Schülerinnen zu verlieren. Er betonte, dass

Blick in die Church Street in Haworth mit der Sonntagsschule auf der linken Seite. Nach ihrer Heirat 1854 luden Charlotte und Arthur Bell Nicholls Lehrer und Schüler der Sonntagsschule hierhin zum Abendessen ein.

»höchstens ein weiteres Jahr« ausreichen würde, damit sie ihre Studien »zum Abschluss
brächten, und zwar zu einem guten«.

Roe Head, Miss Woolers Schule in Mirfield, wo Charlotte Ellen Nussey und Mary Taylor kennenlernte.

Beiden Schwestern war sehr am Lesen und Lernen gelegen, doch
während Emily gern zu Hause blieb, war Hegers Brief für Charlotte ein starker Anreiz, und so kehrte sie im Jahr darauf allein nach
Brüssel zurück. Sie blieb bis Januar 1844 im Pensionat, obwohl sie
zunehmend unter gedrückter Stimmung und Heimweh litt. Das
Schulprojekt, dem sie sich nach ihrer Rückkehr widmete, erwies sich
als undurchführbar; trotz eines Werbeprospekts fand sich keine einzige Schülerin. Das allerdings bereitete Charlotte damals weniger
Kummer als ihre unerwiderte Leidenschaft für ihren verheirateten
Lehrer, Monsieur Heger – er war der einzige Mann außerhalb der
Familie, der ihre literarischen Ambitionen ernst nahm.

Seit ihrer Kindheit hatten die Schwestern nie aufgehört zu
schreiben, wobei Charlotte jetzt, nach ihrer Rückkehr aus Brüssel,
beschloss, sich dabei von ihrer Fantasiewelt loszureißen. Obwohl
ihr das nie ganz gelang, brachte sie von nun an zunehmend eigene
Erfahrungen ins Schreiben ein. So wurden die Schulen und Familien, in denen sie unterrichtet hatte, Thema und Schauplatz ihrer
Romane.

1846 brachten Charlotte, Emily und Anne unter den Pseudonymen Currer, Ellis und Acton Bell auf eigene Kosten eine Sammlung ihrer Gedichte heraus. Davon wurden zwar nur zwei Exemplare verkauft, doch die drei Schwestern waren auf den Geschmack gekommen: Sie wollten weiter veröffentlichen. Nach dem Scheitern des Schulprojekts hatte Charlotte damit wieder ein neues Vorhaben und steckte all ihre Energie in die Publikation ihrer Manuskripte. Bald kursierten drei Prosawerke der Bells in Londoner Verlagen. Charlottes Roman *Der Professor* war schon mehrfach abgelehnt worden, als er bei Smith, Elder & Co. landete. Zwar wurde er auch hier abgelehnt, doch der Lektor William Smith Williams erkannte, welches Potenzial im Verfasser steckte, und bekundete sein Interesse an zukünftigen Werken. Charlotte arbeitete damals bereits an dem Roman *Jane Eyre*, den der Verlag 1847 herausbrachte.

Was als Geschäftskorrespondenz mit ihren Verlegern begonnen hatte, entwickelte sich zu einer Freundschaft. In ihren Briefen an Williams äußerte sich Charlotte über ihre Lektüre und ließ ihn an ihrer Trauer über den Verlust ihrer Geschwister teilhaben; Branwell, Emily und Anne starben binnen zwei Jahren nach Erscheinen von *Jane Eyre*. Für Charlotte bedeutete das Schreiben in jenen schweren Tagen eine Zuflucht, und so nahm sie die Arbeit an ihrem Roman *Shirley* wieder auf, der im Oktober 1849 erschien. Und als Emilys erster Todestag nahte, floh sie aus Haworth und besuchte ihren Verleger George Smith und dessen Familie in London.

In den nächsten Jahren reiste Charlotte mehrfach in die Hauptstadt. Da ihre wahre Identität nach und nach bekannt wurde, begegnete man der berühmten Autorin mit einiger Aufmerksamkeit, was ihr nicht immer willkommen war. 1850 nahm sie eine Einladung von Sir James Kay-Shuttleworth und seiner Frau auf deren Sommersitz am Lake Windermere an, wo sie Elizabeth Gaskell kennenlernte.

Ellen Nussey meinte, Charlottes Verleger habe eine Ehe mit ihrer Freundin in Erwägung gezogen, Charlotte habe das Angebot aber abgelehnt und behauptet, sie sei »zufrieden, ihn als Freund zu haben – und gebe Gott, dass ich meinen gesunden Menschenverstand nicht verliere und einen so jungen, aufstrebenden und hoffungsfrohen Menschen nie anders betrachte«. Als Charlotte das Manuskript für den dritten Band von *Villette* an Smith schickte, quittierte er das ausnahmsweise mit Schweigen, vielleicht, weil er in der Romanfigur des Dr. John ein wenig schmeichelhaftes Abbild seiner Person sah. Die Korrespondenz fand nie zu ihrer alten Herzlichkeit zurück, und die Beziehung kühlte weiter ab, als Smith seine Verlobung mit der schönen Tochter eines Londoner Weinhändlers bekanntgab.

Charlotte ihrerseits hatte kurz zuvor den Heiratsantrag des Hilfsgeistlichen ihres Vaters, Arthur Bell Nicholls, zurückgewiesen. Patrick Brontë war empört, dass ein armer irischer

Visitenkarten-Foto von Arthur Bell Nicholls.

Hilfsgeistlicher es wagte, um die Hand seiner berühmten Tochter anzuhalten, und begegnete ihm mit Strenge und Geringschätzung. Diese ungerechte Behandlung sorgte bei Charlotte für einen Sinneswandel zu Nicholls Gunsten, und schließlich fand am 29. Juni 1854 in der Kirche von Haworth die Hochzeit statt. Entgegen Charlottes Befürchtungen war die Ehe glücklich, wenn auch kurz.

Charlotte starb am 31. März 1855 an Schwindsucht, vermutlich im Zustand einer frühen Schwangerschaft. Reverend Sutcliffe Sowden, der das Paar neun Monate zuvor getraut hatte, wurde nun erneut gerufen, um die Begräbnisfeier abzuhalten. 1857, zwei Jahre nach Charlottes Tod, erschienen schließlich ihr erster Roman, *Der Professor*, und zugleich Elizabeth Gaskells bewegende Huldigung an ihre Freundin.

Branwell Brontë

Zunächst sei gesagt, dass er zweifellos sehr intelligent war, vielleicht das größte Genie in dieser außergewöhnlichen Familie. Die Mädchen erkannten kaum, welche Fähigkeiten in ihnen selbst oder den Schwestern steckten, wohl aber sahen sie seine.

Elizabeth Gaskell in *The Life of Charlotte Brontë* von 1857

*P*atrick Branwell Brontë, das viertälteste Kind, las wie seine Schwestern von früher Jugend an viel. In den Jahren nach Marias und Elizabeths Tod – er war damals nicht einmal acht – begannen Branwell und seine Schwestern zu schreiben. Charlotte und Branwell übernahmen bei der Erfindung eines Fantasiereichs die Führung; ihre Inspiration erhielten sie u. a. durch Beschreibungen Afrikas in einem abgegriffenen Exemplar von Goldsmiths *Grammar of General Geography*. Die Hauptstadt ihres Reiches hieß Glasstown, später umgetauft in Verdopolis, und 1834 schufen sie schließlich das Königreich Angria.

Zwar waren alle Brontës begabt, doch Branwell nahm als einziger Sohn eine bevorzugte Stellung ein. Obwohl der Vater Bildung hochhielt, beschloss er, ihn nicht zur Schule zu schicken, sondern zu Hause selbst zu unterrichten. Später verwarf er einen Universitätsbesuch Branwells, weil dieser dann »in den kommenden vier oder fünf Jahren in finanzieller Hinsicht nicht für sich selbst würde sorgen« können. Da Branwell weit günstigere Ausgangsbedingungen für eine Karriere hatte als sein Vater, erwartete die Familie Großes von ihm. Als Branwell ein Talent zum Zeichnen und Malen zeigte, erhielt er von William Robinson, einem namhaften Künstler aus Leeds,

Unterricht in Ölmalerei. Damals schuf Branwell das bekannte Bildnis seiner Schwestern. Ursprünglich war auch er auf dem Gemälde zu sehen, doch später übermalte er das Selbstporträt. Die Familie hoffte, dass Branwell die Royal Academy of Arts besuchen würde, dieses Ziel wurde jedoch offenbar nie konkret verfolgt. Das war wohl die erste von vielen Enttäuschungen, die sein Leben prägen sollten.

Branwells künstlerische Laufbahn begann und endete in Bradford, wo er sich 1838 als Porträtmaler niederließ. Die Konkurrenz mit den dortigen alteingesessenen Künstlern muss ihn entmutigt haben, und so suchte er lieber die Gesellschaft junger Kollegen und Schriftsteller, die sich im Hotel George trafen. Die Nachricht, dass sein Lehrer William Robinson mittellos gestorben war, obwohl er Absolvent der Royal Academy war, wird Branwell kaum beflügelt haben, und so kehrte er binnen eines Jahres mit Schulden nach Hause zurück.

Da Branwell stets auch auf eine Karriere als Schriftsteller hoffte, schrieb er mehrfach an *Blackwood's Edinburgh Magazine* – die Lieblingslektüre der Brontës in ihren Kindertagen –, bot seine Dienste an und sandte Gedichte ein. Vielleicht lag es am arroganten Ton seiner Briefe, dass er nie eine Antwort erhielt. 1840 stellte ihn ein Mr Postlethwaite aus Broughton-in-Furness als Hauslehrer für seine Söhne ein. In einem Brief an seinen Freund John Brown brüstete sich Branwell damit, dass er auf dem Weg zu seiner neuen Stelle an einem wüsten nächtlichen Umtrunk im Hotel von Kendal teilgenommen hatte.

Dieses Aquarell von Branwell mit dem Titel Praise *(Lobpreis) ist auf den 9. September 1830 datiert. Es handelt sich um die nach einem Druck gemalte Kopie eines Raffael-Gemäldes von Cäcilie, der Schutzheiligen der Musik – ein passendes Sujet für Branwell, der sehr musikalisch war.*

Für eine Weile inspirierten ihn die Nähe zum Lake District und die vielfältigen Reminiszenzen an die Dichter der Romantik. Er sandte Proben seiner Werke an den Schriftsteller Hartley Coleridge (der älteste Sohn des Dichters Samuel Taylor Coleridge), der sich bewundernd über Branwells Übersetzung der *Oden* des Horaz äußerte und ihn zu sich nach Grasmere einlud. Doch nach sechs Monaten verlor Branwell vermutlich wegen exzessiven Trinkens seine Anstellung.

Zwei Monate darauf wurde er bei der neuen Leeds-Manchester-Eisenbahn in Sowerby Bridge als stellvertretender Stationsvorsteher eingestellt, stieg bald darauf zum Stationsvorsteher in Luddenden Foot auf – und wurde wiederum entlassen, diesmal wegen Nachlässigkeiten bei der Abrechnung. Francis Leyland, ein Freund aus Branwells Zeit in Bradford, beschrieb ihn wie folgt:

> Von Gestalt war er weniger als mittelgroß, hatte aber ein gepflegtes Äußeres wie ein Gentleman und tadellose Manieren. Er hatte eine helle Haut und angenehme Gesichtszüge; sein Mund und sein Kinn waren wohlgeformt, seine auffallende Nase war vom römischen Typus, seine Augen glänzten und funkelten vor Vergnügen, und die Stirn vollendete das Gesicht zu einem Oval, das seinem Besitzer einen unwiderstehlichen Charme verlieh.

Karikierendes Selbstporträt von Branwell, um 1840.

Weit weniger vorteilhaft äußerte sich Francis Grundy, ein Ingenieur, der Branwell aus dieser Zeit kannte; er beschrieb Branwell als »fast unscheinbar klein« mit einer »Unmenge roter Haare, die er aus der Stirn hochbürstete – um größer zu erscheinen, nehme ich an (…), kleinen, tiefliegenden Frettchenaugen, die durch die Brille noch mehr verdeckt wurden«.

In den 1840er Jahren konnte Branwell als erster Brontë seiner Generation mehrere Gedichte bei Lokalzeitungen unterbringen. Sie erschienen unter dem Pseudonym Northangerland – so hieß sein Alter Ego in Angria; offenbar stand er noch immer im Bann der Fantasiewelt seiner Kindheit. Die Anforderungen des Alltags empfand er zunehmend als Belastung, und da er zudem eine Reihe von Demütigungen erlitten hatte, gab er bald Anlass zur Sorge.

Als Anne Brontë 1843 als Gouvernante bei der Familie Robinson in Thorp Green Hall bei York tätig war, wurde Branwell dort als Hauslehrer für den einzigen Sohn eingestellt. Zwei Jahre später gab Anne die Stelle auf.

Im Monk's House von Thorp Green wohnte Branwell, als er Edmund Robinsons Hauslehrer war.

Bald darauf wurde Branwell fristlos entlassen, und zwar aufgrund eines »Verhaltens, das so schlecht ist, dass man es gar nicht ausdrücken kann« – wohl eine Anspielung auf eine Affäre mit Lydia Robinson, der Frau seines Arbeitgebers. Als nach dem Tod ihres Mannes klar wurde, dass Mrs Robinson nicht die Absicht hatte, Branwell zu heiraten, verfiel er wieder dem Alkohol und dem Opium und bereitete seiner Familie Schwierigkeiten und Kummer.

Das Gasthaus Lord Nelson in Luddenden, eines von Branwells Stammlokalen während seiner Zeit bei der Eisenbahn.

Branwell begann damals, einen Roman zu schreiben, der unvollendet blieb. Wir wissen nicht, inwieweit ihm die literarischen Erfolge seiner Schwestern bewusst waren, als er am 24. September 1848 im Alter von 31 Jahren voller Reue darüber, in seinem Leben »nichts Großes oder Gutes« vollbracht zu ha-

ben, starb. Charlotte, die als Kind seine engste Gefährtin gewesen war, verzieh dem Bruder seine Unfähigkeit, die in ihn gesetzten Hoffnungen zu erfüllen, nie. Kurz nach seinem Tod schrieb sie:

> Branwell war als Junge der Stolz und die Hoffnung seines Vaters und seiner Schwestern, doch seitdem er ein Mann war, sah das ganz anders aus. (…) Ich weine nicht aus einem Gefühl der Trauer heraus – mir ist keine Stütze entrissen, kein Trost oder lieber Gefährte entschwunden –, sondern über

Jack Shaw the Guardsman, and
Jack painter of Norfolk.

Question — "The half minute time is up, so
come to the ~~test~~ scratch; won't you?"
answer — "Blast your eyes; it's no use, for
I cannot come!"

A PARODY.

A Parody *(Eine Parodie),*
Branwells letzte überlieferte
Zeichnung, entstand zwei
Monate vor seinem Tod 1848
und zeigt, wie der Tod ihn
im Schlaf zu sich ruft.

ein verschleudertes Talent, eine zerstörte Hoffnung, darüber, dass jemand, der ein brennendes, leuchtendes Licht hätte sein können, zur Unzeit in Düsternis versank. Mein Bruder war jünger als ich; ich wollte für ihn einst einiges erreichen (...) – musste meinen Ehrgeiz und mein Streben aber begraben – nichts bleibt von ihm als eine Erinnerung an Verfehlungen und Leid – Es liegt eine solche Bitterkeit im Bedauern dieses Lebens und Sterbens – ein solches Sehnen, weil seine ganze Existenz so hohl war, dass mir die Worte dafür fehlen.

Emily Brontë

In Emilys Natur schienen sich Kraft und Einfachheit im Extrem zu begegnen. Verborgen unter einfachem Auftreten, ungekünstelten Neigungen und einer bescheidenen Hülle, loderte insgeheim ein Feuer, so machtvoll, dass es Geist und Tatkraft eines Helden hätte entflammen können.

Charlotte Brontë in ihrer
»Biografischen Notiz zu Ellis und Acton Bell« von 1850

*E*mily Jane Brontë wurde am 30. Juli 1818 im Pfarrhaus von Thornton geboren. Vor ihrem zweiten Geburtstag zog die Familie nach Haworth um. Das Heidemoor, das das Pfarrhaus umgab, sollte ihr Schreiben stark beeinflussen. Nach dem Tod der Mutter 1821 unterwies Tante Branwell Emily und ihre Schwestern in Handarbeiten und Hauswirtschaft und brachte ihnen Lesen und Schreiben sowie ein wenig Französisch bei. Der Vater gab ihnen Bibelstunden, und die Mädchen durften am Geschichts- und Geografieunterricht ihres Bruders teilnehmen.

1824 kam Emily mit den älteren Schwestern auf die Schule für Pastorentöchter in Cowan Bridge. Während Charlotte nie vergaß, wie die Schwestern in der Schule hatten leiden müssen, überstand Emily diese Erfahrung offenbar relativ unversehrt – und das, obwohl der Besuch dieser Schule für Maria und Elizabeth, die sie sterbenskrank verließen, ein so tragisches Ende nahm. Die vier verbliebenen Kinder wurden daraufhin wieder von Vater und Tante unterrichtet.

Emily und Anne ärgerte es, dass sich Charlotte und Branwell mit dem Schreiben und Aufführen von Stücken in den Vordergrund spielten. Um 1833 schlossen sie ebenfalls ein Bündnis und entwarfen ihre eigene Welt, Gondal. Wir wissen, dass Emily und Anne viele

Bücher der *Gondal*-Saga verfassten, und wahrscheinlich war ihr Fantasiereich ebenso vielschichtig wie Charlottes und Branwells Angria; allerdings blieb keines der Prosawerke erhalten.

Nach einem Besuch im Pfarrhaus stellte Ellen Nussey 1833 fest:

Emily war mittlerweile zu einer anmutigen, biegsamen Gestalt herangewachsen. Abgesehen vom Vater war sie die Größte in der Familie; ihr Haar, von Natur aus so schön wie Charlottes, trug sie ebenfalls in unkleidsam feste, krause Locken gedreht, und auch sie hatte einen ungesunden Teint. Doch ihre Augen waren sehr schön, freundlich, leuchtend und klar, manchmal wirkten sie grau und manchmal dunkelblau. Sie war sehr reserviert, blickte kaum auf und sprach sehr wenig. Sie und Anne waren wie Zwillinge, unzertrennlich und stets die vertrautesten Gefährtinnen.

Diese ungewöhnliche Zeichnung der 14-jährigen Emily stellt den syrischen Säulenheiligen Simeon Stylites aus dem 5. Jahrhundert dar. Erst Mönch, dann Einsiedler, verbrachte er mehr als dreißig Jahre auf einer Säule. Dieser Asket scheint die junge Emily fasziniert zu haben.

1835 wurde Emily auf Miss Woolers Schule in Roe Head, Mirfield, geschickt, an der Charlotte damals als Lehrerin arbeitete. Mit ihren 17 Jahren war sie dort wahrscheinlich die älteste Schülerin, ein zurückhaltendes, linkisches Mädchen, das sich mit niemandem anfreundete. Viele Jahre später erklärte Charlotte im Vorwort zu einer Ausgabe von Emilys Werken, warum ihre Schwester in der Schule nicht zurechtkam:

Den Wechsel vom eigenen Zuhause auf die Schule und von der stillen, abgeschiedenen, doch ungezwungenen und ungekünstelten Lebensweise zu einem einförmigen, disziplinierten Tageslauf (wenn auch unter angenehmster Anleitung) konnte sie nicht ertragen. (…) Jeden Morgen beim Aufwachen standen ihr das Moor und ihr Heim vor Augen, und diese Bilder verdunkelten ihr den bevorstehenden Tag. In diesem Kampf nahm ihre

Gesundheit rasch schweren Schaden. (…) Ich spürte in meinem tiefsten Herzen, dass sie sterben würde, wenn sie nicht heimkehrte, und aus dieser Überzeugung heraus veranlasste ich ihre Rückreise.

Nach drei Monaten war Emily wieder in Haworth. An ihrer Stelle wurde die anpassungsfähigere Anne nach Roe Head geschickt. Emily hatte sich also das Recht erworben, zu Hause zu bleiben, und nur ein einziges Mal sollte sie den Versuch unternehmen, selbst für ihren Lebensunterhalt zu sorgen: 1838 erhielt sie – obwohl ohne die übliche Vorbildung – eine Stelle an Miss Patchetts Schule in Law Hill bei Halifax. In einem Brief an Ellen Nussey schrieb Charlotte dazu:

Law Hill bei Halifax – hier war Emily kurz als Lehrerin tätig.

Von links nach rechts: Anne, Emily, (Branwell) und Charlotte; Porträt von Branwell Brontë (1834).

Meine Schwester Emily hat eine Anstellung als Lehrerin an einer großen Schule für an die vierzig Schülerinnen (…) angenommen. Seit ihrer Abreise habe ich einen Brief von ihr bekommen; er enthält eine schockierende Beschreibung ihrer Pflichten – harte Arbeit von sechs Uhr morgens bis kurz vor elf abends, dazwischen eine halbe Stunde Pause – diese Sklaverei wird sie nicht lange durchhalten, fürchte ich.

Emily hielt nicht lange durch: Nach ein paar Monaten kam sie nach Haworth zurück. Angeblich soll sie vorher öffentlich erklärt haben, sie ziehe den Hund der Schule allen Schülerinnen vor. Als Charlotte beschloss, für eine Weile eine Schule auf dem Kontinent zu besuchen, entschied sie sich für Emily als Begleiterin – eine überraschende Wahl. Noch überraschender aber war Emilys Zustimmung.

Monsieur Heger, der Leiter des Pensionats in Brüssel, erkannte rasch, wie außergewöhnlich begabt die Schwestern waren. Nach

Charlottes Darstellung kamen Emily und er überhaupt nicht miteinander zurecht, obwohl er laut Elizabeth Gaskell »Emilys Begabung für höher erachtete als Charlottes«. Heger meinte, Emily habe »einen logischen Kopf und ein Argumentationsvermögen, wie es selbst für einen Mann ungewöhnlich, bei einer Frau jedoch höchst selten ist«. Diese Fähigkeiten machten sich bald bemerkbar. Nachdem er sich ein Bild von den Kenntnissen seiner beiden neuen Schülerinnen gemacht hatte, ersann Heger eine besondere Unterrichtsmethode für sie: Er schlug vor, ihnen Werke der großen französischen Dichter vorzulesen, ausgewählte Abschnitte zu analysieren und die Schwestern dann eigene Texte im Stil des Gelesenen

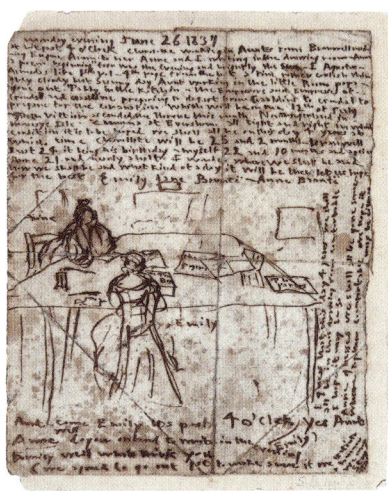

Emilys Tagebuchnotiz vom 26. Juni 1837 enthält eine Skizze von »Anne« und »Emily«. Sie sitzen am Esstisch, vor ihnen die Tagebuchblätter, an denen sie alle vier Jahre weiterschrieben, und die Blechbüchse, in der sie aufbewahrt wurden. Der Text ist eine wunderbare Mischung aus Erlebtem und Erdichtetem.

schreiben zu lassen. Elizabeth Gaskell berichtet, wie die beiden reagierten: »Emily äußerte sich als Erste und erklärte, sie könne nicht erkennen, was daran gut sei. Wenn sie dieser Methode folgten, würden sie im Denken und im Ausdruck all ihre Originalität verlieren. Sie wollte mit Monsieur Heger darüber diskutieren, doch für so etwas hatte er keine Zeit.« Emilys Einschätzung zum Trotz schrieben die Schwestern dann doch höchst originelle Aufsätze. Während Hegers Unterricht wesentlich dazu beitrug, dass Charlotte sich zu einer großen Autorin entwickelte, ist sein Einfluss auf Emily schwerer abzuschätzen.

Nach der vorzeitigen Abreise aus Brüssel aufgrund der Krankheit und des Todes der Tante kehrte Charlotte für ein weiteres Jahr dorthin zurück. Emily hingegen blieb in Haworth und führte den Haushalt im Pfarrhaus. Nachdem das gemeinsame Schulprojekt ge-

scheitert war, machte sich Emily im Juli 1845 die folgenden Tagebuch-
notizen (sie und Anne machten etwa alle vier Jahre Einträge in ihre
Tagebücher und lasen erst dann die vom letzten Mal):

> Ich sollte noch erwähnen, dass im letz-
> ten Sommer mit aller Kraft das Schul-
> projekt wieder aufgenommen wurde –
> wir (…) taten unser Bestes, doch es
> ging nicht voran – mittlerweile liegt
> mir gar nichts mehr an einer Schule,
> und auch die anderen haben kein gro-
> ßes Verlangen danach – wir verfügen
> über genug Geld für unseren derzei-
> tigen Bedarf, und es besteht Aussicht,
> dass es mehr werden kann.

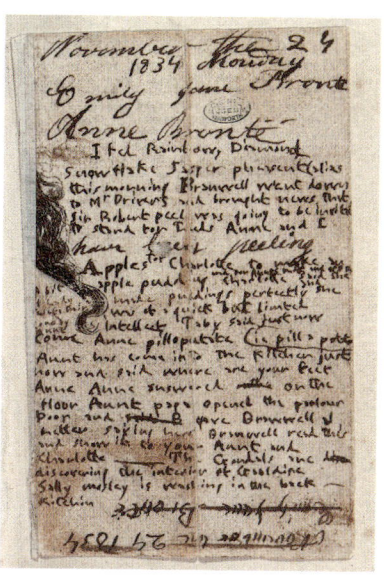

Wenn Emily hier von »Geld« spricht,
sind damit die Anteile an der York-
und-Nord-Midland-Eisenbahn ge-
meint, die die Schwestern von Tante Branwell ge-
erbt hatten. Insgesamt bestand ihr Erbe aus knapp
dreihundert Pfund für jede – keine große Summe,
doch genug, um ihnen ein Gefühl von Sicherheit zu
geben. Emily kehrte wieder zu ihren alten Gewohn-
heiten zurück: Sie stürzte sich in die Hausarbeit und
machte sich ans Schreiben. In dieser Zeit verfasste
sie einige ihrer eindringlichsten Gedichte.

*Von Emily und Anne
gemeinschaftlich verfasstes
Tagebuchblatt vom
24. November 1834: »Anne
und ich sagen: Ich frage mich,
wie wir und was wir wohl
im Jahr 1874 sein werden,
wenn alles gutgeht.«*

    Charlotte war von der Qualität ihrer Lyrik beeindruckt, und da
sie meinte, in jemandem wie Emily müsse »doch wenigstens ein kleiner Funke rechtschaffenen Ehrgeizes schlummern«, heckte sie den
Plan aus, eine Auswahl von Gedichten aller drei Schwestern heraus-
zubringen. Emily hatte tatsächlich nichts dagegen. Da sich der Ge-
dichtband aber nicht verkaufte, beschloss Emily, einen Roman in
Angriff zu nehmen. Und als sich kein Verleger für diesen Roman,
Sturmhöhe, fand, brachte sie ihn auf eigene Kosten heraus.

Emily überlebte das Erscheinen ihres Buches um kaum ein Jahr. Es heißt, sie habe sich bei Branwells Begräbnis 1848 erkältet und danach nie wieder das Haus verlassen. Knapp zwei Monate vor Emilys Tod schrieb Charlotte:

Alle Brontës waren sehr tierlieb, ganz besonders Emily. Häufig zeichnete oder malte Emily die Haustiere im Pfarrhaus. Am bekanntesten ist wohl ihr hier abgebildeter Hund Keeper, ein Bullmastiff, der als besonders wild galt. Keeper schloss sich bei Emilys Begräbnis dem Trauerzug an.

Gern würde ich mich in der Hoffnung wiegen, dass es Emily heute Abend etwas besser geht, doch das lässt sich schwer feststellen: Sie ist eine wahrhaft stoische Kranke, weder sucht noch duldet sie Mitleid; (…) man muss zusehen, wie sie etwas tut, was sie eigentlich nicht kann, und darf kein Wort sagen. (…) Wenn sie krank ist, scheint es für mich in der Welt keinen Sonnenschein zu geben; (…) eine gewisse Strenge in ihrem starken, eigenwilligen Charakter lässt mich wohl nur umso mehr an ihr hängen.

Emily wies ärztlichen Beistand zurück und starb am 19. Dezember 1848 mit dreißig Jahren an Tuberkulose. Möglicherweise arbeitete sie damals an einem zweiten Roman, doch ein Manuskript wurde nie gefunden.

Anne Brontë

Anne war von sanfterem, fügsamerem Charakter; sie wollte so stark, feurig und originell sein wie ihre Schwester (Emily), dabei hatte sie doch ihre eigenen, stillen Tugenden. Wegen ihrer Langmut, Selbstverleugnung, Nachdenklichkeit und Intelligenz, ihrer zurückhaltenden, schweigsamen Natur stand sie im Schatten ihrer Geschwister; ihr Geist und insbesondere ihre Gefühle wurden von diesen Eigenschaften verhüllt wie von einem selten gelüfteten Nonnenschleier.

Charlotte Brontë in ihrer »Biografischen Notiz
zu Ellis und Acton Bell« von 1850

Oft ist zu lesen, dass Anne Brontë als Jüngste im Schatten ihrer älteren Schwestern stand. Vieles, was wir über sie wissen, stammt von Charlotte, die in Anne stets das Nesthäkchen der Familie sah. Auch Elizabeth Gaskell beschreibt, von Charlotte beeinflusst, Anne als »die liebe Kleine«, obwohl Anne doch einen ausdrucksvollen realistischen Roman geschrieben hatte, den Kritiker als zu derb und brutal verdammten.

Anne blieben die Zumutungen der Schule in Cowan Bridge erspart, da sie von Vater und Tante zu Hause unterrichtet wurde. Sie besuchte erst 1835 eine Schule, als sie anstelle von Emily nach Roe Head kam. Ellen Nussey schildert ihren ersten Eindruck von Anne 1833:

Die liebe, sanfte Anne sah ganz anders aus als die übrigen. (…) Ihr hübsches hellbraunes Haar fiel ihr in reizenden Löckchen in den Nacken. Sie hatte wunderschöne blauviolette Augen, fein gezeichnete Augenbrauen und eine reine, fast durchsichtige Haut.

Anne, am 17. April 1833 von Charlotte porträtiert. Drei Anne-Porträts von Charlotte sind erhalten – neben zwei Aquarellen diese Bleistiftzeichnung im Profil, für die Anne wie eine antike Göttin mit einem Schleier über dem Haar posierte.

Zeichnung von Annes Hand, What You Please (1840). Die Frauengestalt, die hier zwischen Bäumen hervorspäht, könnte ein Selbstporträt Annes sein, der neue Wege offenstehen.

Der Verleger George Smith erinnerte sich an Anne als eine »liebenswürdige, stille, ziemlich brave Person, zwar keineswegs hübsch, aber doch von angenehmem Äußeren. Sie wirkte äußerst schutz- und hilfsbedürftig.« Charlotte beschreibt 1842 in einem Brief, wie der junge Hilfsgeistliche William Weightman Anne in der Kirche gegenübersaß, leise seufzte und »sie aus den Augenwinkeln ansah, um ihre Aufmerksamkeit auf sich zu lenken – u. Anne ist so still, ihr Blick so tief gesenkt«. Einige Monate später starb Weightman mit 26 Jahren an der Cholera. Kurz nach seinem Tod schrieb Anne das Gedicht »Ich werde dich nicht betrauern, geliebter Mensch«, was viele Biografen vermuten ließ, sie sei in Weightman verliebt gewesen.

Als Lehrerin kam Anne besser zurecht als ihre Schwestern. Während Charlotte es 1839 nur zwei und 1841 zehn Monate als Gouvernante aushielt und Emily lediglich sechs Monate an einer Schule unterrichtete, verbrachte Anne neun Monate im Haushalt der Inghams in Blake Hall, Mirfield; außerdem war sie fünf Jahre als Gouvernante der älteren Töchter der Robinsons in Thorp Green Hall, Little Ouseburn bei York, angestellt.

Drei Jahre nachdem sie diese Stelle aufgegeben hatte, besuchten die Robinson-Mädchen sie in Haworth. Charlotte stellte fest, dass sie »an ihr hingen wie Kinder« und Anne danach weiterhin »fast täglich« schrieben. Über das ältere der beiden Mädchen heißt es bei Charlotte: »Anne gibt ihr Bestes, um

sie zu ermuntern und zu beraten, und sie scheint an ihrer so ruhigen ehemaligen Gouvernante zu hängen wie an einer einzigen echten Freundin.« Offenbar hat Anne einige Charakterzüge ihrer Schülerin auf die Figur der Rosalie Murray in ihrem ersten Roman *Agnes Grey* (1847) übertragen: Rosalie ist ein flatterhaftes, selbstsüchtiges Mädchen, das dennoch die gelassene Charakterstärke ihrer Gouvernante anerkennt. Anne vertraute ihren Tagebuchblättern an, dass sie in Thorp Green »Bekanntschaft mit einigen sehr unangenehmen und unvorhergesehenen Zügen der menschlichen Natur« gemacht habe. Dies fand ebenfalls Eingang in *Agnes Grey* wie auch in ihren zweiten Roman, *Die Herrin von Wildfell Hall* (1848).

Die »liebe, sanfte Anne« (Ellen Nussey) verfügte im Leben über eine beachtliche innere Stärke und gestaltete daher auch ihre Romane kraftvoll und lebensnah. Wie stark ihr Charakter war, zeigt sich nirgendwo deutlicher als in dem Brief, den sie kurz nach Emilys Tod an Ellen Nussey schrieb, als bei ihr bereits die Schwindsucht diagnostiziert worden war. Darin äußert sie den Wunsch, ans Meer zu reisen in der Hoffnung, durch die Seeluft zu genesen:

Am 7. Januar 1849 begann Anne mit dem Gedicht »Last Lines« (Letzte Zeilen), in dem sie ihrer Qual und Angst im Angesicht des Todes Ausdruck verlieh. Bei der postumen Veröffentlichung 1850 strich Charlotte mehrere Strophen und ließ so den Eindruck entstehen, dass Anne sich in ihren Tod gefügt hatte.

Ich habe keine Angst vor dem Tod; wenn ich ihn für unausweichlich hielte, würde ich mich, glaube ich, still in diese Aussicht fügen in der Hoffnung, dass Sie, liebe Miss Nussey, Charlotte mit aller Kraft zur Seite stünden und ihr an meiner Statt eine Schwester wären. Doch ich wünsche mir nicht nur Papas und Charlottes wegen, dass es Gott gefallen möge, mich zu verschonen, sondern auch, weil ich das Bedürfnis habe, in der Welt noch etwas Gutes zu tun, bevor ich sie verlasse. Ich habe viele Pläne im

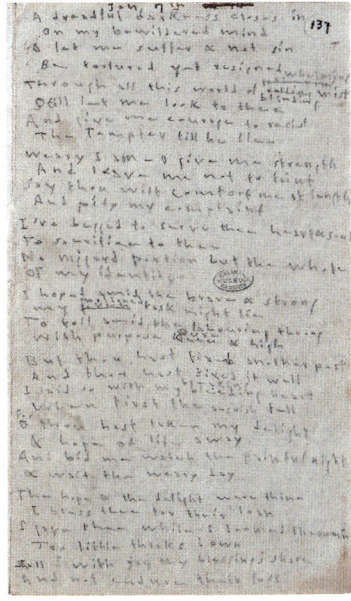

Drei Jahre nach Annes Todestag, dem 28. Mai 1849, besuchte Charlotte das Grab: »Freitag fuhr ich nach Scarboro', besuchte den Friedhof und den Stein – er muss neu verblendet und beschriftet werden – es sind fünf Fehler darauf.« Ein Fehler blieb stehen: Anne war nicht 28, sondern 29 Jahre alt geworden.

Kopf, die ich verwirklichen möchte – zwar nur kleine, bescheidene –, doch ich möchte nicht, dass aus alldem nichts wird und ich in meinem Leben so wenig bewirkt habe. Doch es liegt in Gottes Hand.

Anne überlebte Emily nur um fünf Monate. Am 24. Mai 1849 reiste sie mit Charlotte und Ellen Nussey nach Scarborough; sie hing an diesem Ort, an dem sie mit den Robinsons die Sommer verbracht hatte. Vier Tage später starb sie in ihrer Unterkunft in St. Nicholas Cliff Nr. 2. Charlotte schildert Annes Tod in einem Brief an eine Freundin: »Sie starb ohne schweren Kampf, ergeben, voll Gottvertrauen – dankbar für die Erlösung von ihrem leidvollen Leben – in der tiefen Gewissheit, dass eine bessere Existenz vor ihr liege. Bis zum letzten Atemzug glaubte und hoffte sie.«

Um ihrem Vater den Schmerz eines weiteren Familienbegräbnisses zu ersparen, entschied Charlotte, dass ihre Schwester ihre letzte Ruhe in Scarborough finden sollte, auf dem Friedhof von St. Mary weit oberhalb der Stadt. Als Einzige aus der Familie Brontë ist sie nicht in der Gruft der Kirche von Haworth bestattet. Nach Hause zurückgekehrt, schrieb Charlotte:

Ich spürte, wie still es im Haus war – die Zimmer waren alle leer – ich dachte daran, wo die drei ihre Ruhe gefunden hatten – in welch dunklen, engen Behausungen – nie wieder würden sie auf der Erde erscheinen. (…) Ich kam nicht umhin, an ihre letzten Tage zu denken – mir in Erinnerung zu rufen, wie sie gelitten, was sie gesagt und getan und wie sie ausgesehen hatten in ihrem Todesschmerz – vielleicht wird all dies mit der Zeit weniger quälend.

Die Bediensteten

Ich habe jetzt zwei Bedienstete, werde aber wohl nur die ältere Frau behal-
ten, die in der Lage sein wird, meinen Kindern und mir aufzuwarten,
wenn mein eines kleines Mädchen fort in der Schule ist.

Patrick Brontë in einem Brief an
Mr Mariner vom 10. November 1824

*O*bwohl Patrick Brontë nicht wohlhabend
war, beschäftigte er stets mindestens
eine Bedienstete, die auch im Pfarrhaus lebte.
Weibliche Hausangestellte verdienten nicht viel.
Bis das Dienstmädchen Martha Brown nach
Charlottes Tod zur Haushälterin aufstieg, erhielt
sie nur acht Pfund im Jahr. Brauchte man mehr
Hilfe, zog man weitere Frauen hinzu: Gelegentlich halfen Marthas Schwestern und eine Reihe
anderer Frauen des Ortes aus, darunter Hannah Daw-
son und Sally Mosley, die z. B. »hinten in der Küche beim
Waschen« waren, als Emily ihr Tagebuchblatt für das
Jahr 1834 verfasste.

Blick aus dem Dienst-
mädchenzimmer auf
den Friedhof.

Nancy und Sarah Garrs

Als die Familie Brontë 1820 aus Thornton wegzog, gingen Nancy und
Sarah Garrs mit ihnen. Nancy war als Kindermädchen in die Familie
gekommen und stieg später zur Köchin und zweiten Haushälterin auf.
Nach Emilys Geburt 1818 übernahm ihre Schwester Sarah die Kinder-
betreuung. Die Schwestern Garrs verließen die Familie 1824, als Nan-
cys Hochzeit bevorstand, kurz vor Marias und Elizabeths Tod.

Nancy Garrs lebte nach ihrem Ausscheiden bei den Brontës weiterhin in der Gegend und nahm an den Begräbnissen von Charlotte und Patrick Brontë teil. Sie starb 83-jährig im Armenhaus von Bradford. Ihre Schwester Sarah wanderte nach Amerika aus und starb 1899 in Iowa City.

Mehr als dreißig Jahre später beschrieb Elizabeth Gaskell die Garrs-Schwestern in ihrer Biografie als »verschwenderisch«, was diese ihr sehr übelnahmen. Sie wandten sich an Patrick Brontë, der ihnen ein Zeugnis ausstellte: »Hiermit bitte ich alle, die es angeht, zu beachten, dass Nancy und Sarah Garrs in der Zeit, als sie bei mir in Diensten standen, zu meinen Kindern freundlich waren. Sie waren ehrlich und keineswegs verschwenderisch, sondern wirtschafteten umsichtig, sowohl was das Essen als auch alle anderen ihnen anvertrauten Dinge anbelangte.«

Martha Wright

Die Geschichte von den verschwenderischen jungen Dienstmädchen wurde Elizabeth Gaskell wahrscheinlich von Martha Wright zugetragen, einer Frau aus Haworth, die als Pflegerin für Mrs Brontë ins Pfarrhaus kam. Martha wurde aus Gründen entlassen, die Patrick Brontë für »zureichend« hielt. Viele Jahre später versorgte sie Gaskell mit einigen interessanten Schilderungen von Patricks angeblich exzentrischem Verhalten. Von Martha Wright stammt z. B. die Behauptung, er habe seinen Kindern den Verzehr von Fleisch untersagt und ein Seidenkleid seiner Frau zerschnitten. Zwar erhoben die Garrs-Schwestern Einspruch gegen diese Geschichten, doch in der öffentlichen Wahrnehmung blieb Patrick Brontë nicht zuletzt dank Martha Wrights Schilderungen der finstere Vater.

Martha Wright kam als Krankenpflegerin für Mrs Brontë ins Pfarrhaus. Sie starb 1883 im Alter von 91 Jahren und fand ihre letzte Ruhe auf dem Friedhof von Haworth.

Tabitha Aykroyd

Als Ersatz für die Garrs-Schwestern stellte Patrick Brontë Tabitha Aykroyd ein, eine Frau aus dem Ort. Ihr Leben scheint erst mit dem Eintritt ins Pfarrhaus zu beginnen, so wenige Zeugnisse aus früherer Zeit gibt es über sie. Gaskell beschreibt »Tabby«, wie sie genannt wurde, als »Prachtexemplar einer Frau ihrer Schicht aus Yorkshire, was den Dialekt, die Erscheinung und den Charakter betrifft. (…) Sie schmeichelte sich nicht mit Worten ein, war aber zu Großtaten fähig, wenn sie jemanden ins Herz geschlossen hatte.« Tabbys Domäne wurde die Küche; hier schalt sie die Kinder, sie »trappelten nur hin und her«, sobald etwas im Haushalt zu tun sei. Abends versammelten sich die Kinder in der Küche am Herdfeuer, lauschten Tabbys Märchengeschichten und dem Dorfklatsch. Von Tabby lernten die Kinder den Yorkshire-Dialekt, und wahrscheinlich war sie das Vorbild für Ellen Dean in *Sturmhöhe*. Ihre Anwesenheit wird den mutterlosen Brontë-Kindern ein Trost gewesen sein; sie war bald mehr eine Freundin der Familie als eine Bedienstete. Im Dorf sprach man von ihr oft als »Tabby Brontë«, und auf ihrem Grabstein ist festgehalten, dass sie der Familie Brontë über dreißig Jahre lang treu gedient hat.

Martha Brown blieb nach dem Tod der Brontës Charlottes Witwer Arthur Bell Nicholls verbunden. Sie starb 1880 mit 51 Jahren in Haworth und ist nahe der Südmauer des Pfarrhausgartens auf dem Friedhof bestattet.

Martha Brown

Martha Brown, die Tochter des Küsters John Brown, kam mit elf Jahren als rechte Hand von Tabby ins Pfarrhaus. »Von Anfang an«, erklärte sie später, »galt ich als Mitglied der Familie und wurde so behandelt, auch wenn Außenstehende von mir als ›dem Dienstmädchen‹ sprachen.« Martha verließ das Pfarrhaus erst nach Patrick Brontës Tod 1861. Er hinterließ ihr dreißig Pfund, das Dreifache ihres Jahresgehalts, als »Zeichen der Hochachtung für lange, treue, mir und meinen Kindern geleistete Dienste«.

Das Schaffen
der Brontës

Mal- und Zeichenkunst

Die ganze Familie fühlte sich auf einzigartige Weise zur Kunst des Zeich-
nens hingezogen. (…) Die Liebe der Mädchen galt allem, was damit in Zu-
sammenhang stand – allen Beschreibungen von Stichen oder bedeutenden
Gemälden; in Ermangelung besserer Vorlagen analysierten sie jeden Druck
und jede Zeichnung, die ihnen in die Hände fielen.
Elizabeth Gaskell in *The Life of Charlotte Brontë* von 1857

Die große Zahl von Zeichnungen und Gemälden der Brontës aus jungen Jahren zeugt von ihrem frühen Interesse an der Kunst. Charlotte entwickelte geradezu eine Leidenschaft dafür; nach den Worten ihrer Schulfreundin Mary Taylor wusste sie »viel über berühmte Bilder und Künstler. Wann immer sich die Gelegenheit bot, ein Gemälde oder einen Stich zu untersuchen, hielt sie sich das Papier dicht vor die Augen und musterte es in allen Einzelheiten. Sie betrachtete es so lange, dass wir sie oft fragten, was sie denn darin sehe. Sie sah immer viel und konnte es sehr gut erklären.«

Im Alter von 13 Jahren machte Charlotte eine »Aufstellung der Maler, deren Werke ich gern sehen würde«. Ihre Kenntnisse über diese Künstler beschränkten sich auf Beschreibungen und auf schwarz-weiß gedruckte Stiche in Zeitschriften und Büchern. Erst Jahre später konnte sie sich berühmte Meisterwerke im Original anschauen. In Brüssel besuchte sie Galerien, und Mary erinnerte

Diese Zeichnung einer Frau mit Papagei erwarb die Brontë Society 2004 zusammen mit vier weiteren Miniaturen von Charlotte.

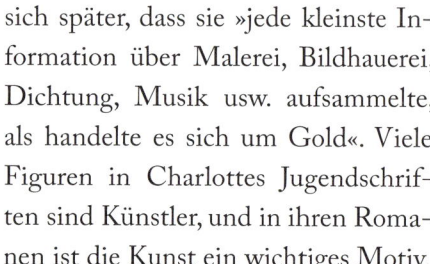

sich später, dass sie »jede kleinste In-
formation über Malerei, Bildhauerei,
Dichtung, Musik usw. aufsammelte,
als handelte es sich um Gold«. Viele
Figuren in Charlottes Jugendschriften sind Künstler, und in ihren Romanen ist die Kunst ein wichtiges Motiv.

Wahrscheinlich erhielten die Brontës
früh Zeichenstunden bei John Bradley, einem Maler aus Haworth, doch
ihre Ausbildung bestand großenteils
darin, Stiche aus Büchern zu kopie-

Margaret Hartley war ren. Die Mädchen waren gehalten, Blumen und ma-
13 Jahre alt, als Ende der lerische Szenen abzuzeichnen, während ihr Bru-
1830er Jahre dieses Porträt der, schon bevor er Unterricht bei dem angesehenen
von ihr entstand. Sie war Künstler William Robinson aus Leeds erhielt, »nach
die Nichte der Kirbys aus der Natur« arbeitete. Emily und Anne folgten Bran-
Bradford, in deren Haus wells Vorbild und fertigten Skizzen der sie umge-
Branwell in seiner Zeit als benden Welt an, auch wenn sie nie in Öl malten.
Porträtmaler sein Atelier Von Charlotte ist eine Handvoll Porträts erhalten,
hatte. Das Bild gehört zu und ihre Kopien von Stichen tragen durchaus eine
seinen besten Ölgemälden. eigene Handschrift. Sie brachte jedoch nie Werke
aus ihrer Fantasie hervor, wie sie es ihrer Romanhel-
din Jane Eyre zuschreibt.

Emilys Bleistiftzeichnung Emily hatte am Kopieren anscheinend wenig
vom Januar 1834 zeigt Interesse. Ebenso wenig, wie sie meinte, den
Grasper, einen der Hunde Stil ihrer Französischaufsätze dadurch ver-
der Familie. bessern zu können, dass sie große Dichter nachahmte, wird sie Abzeichnen für
eine wirkungsvolle Methode des Kunst-
unterrichts gehalten haben. Emily war
empfänglich für die Natur, und unter den
wenigen Werken, die sie hinterließ, sind
etliche bemerkenswert originelle Zeichnungen ihrer geliebten Haustiere.

Kunst gehörte zum unentbehrlichen Handwerkszeug einer Gouvernante, doch für Anne war sie auch ein Quell der Freude. Während ihrer Tätigkeit in Thorp Green Hall verbrachte sie einen Teil ihrer kostbaren freien Zeit damit, Skizzen von ihrer Umgebung anzufertigen. Ihr erster Roman, *Agnes Grey*, nimmt vielfach Bezug auf ihre eigenen Versuche, ihren Zöglingen das Zeichnen beizubringen, und in ihrem zweiten Roman, *Die Herrin von Wildfell Hall*, machte sie sogar eine Künstlerin zur Heldin.

Ein Farbstreifen am Rand einer Primelstudie zeigt, wie Charlotte Farben mischte.

Charlotte zog offenbar eine künstlerische Laufbahn für sich in Erwägung. In der Sommerausstellung der Königlichen Gesellschaft zur Förderung der schönen Künste in Leeds präsentierte sie als gerade einmal 18-Jährige zwei Zeichnungen. Damals galt es als wünschenswert, wenn Frauen neben Musik, Handarbeiten und Französisch auch ein wenig von Kunst verstanden, doch einen passenden Beruf gab diese nicht für sie ab. So waren Frauen denn auch von der Mitgliedschaft z. B. in der Royal Academy of Arts in London ausgeschlossen. Die Brontës hegten die Hoffnung, dass Branwell dort eines Tages würde studieren können, doch es mangelte ihm an Selbstdisziplin, und es erscheint fraglich, ob er, der als Kind viele Freiheiten genossen hatte, die strenge akademische Ausbildung durchgestanden hätte. Die Kunsthistorikerin Jane Sellars charakterisiert Branwell als Künstler »der spontanen Reaktion« und meint, für ihn wäre sicher eine »britische Kunsthochschule der 1960er Jahre« das Richtige gewesen.

Charlottes Malkasten mit Zubehör. Der Kasten mit der Handelsmarke eines exzellenten Londoner Herstellers stammt vielleicht schon von 1800.

Das Gros von Branwells Werken stammt aus der kurzen Zeit, als er versuchte, sein Geld als Porträtmaler zu verdienen: Es sind Ölbildnisse von Bekannten aus Haworth und Fabrikantensöhnen aus Bradford. Nachdem er seine wahre Berufung in der Literatur gefunden zu haben meinte, nutzte

Bleistiftzeichnung von Anne, datiert auf den 13. November 1839.

er sein zeichnerisches Talent nur noch, um Briefe an Freunde mit Skizzen voll schwarzen Humors zu schmücken, die sein Abgleiten in Drogensucht und Verzweiflung dokumentieren.

1848 wurde Charlotte von ihren Verlegern gebeten, die zweite Auflage von *Jane Eyre* zu illustrieren. Sie schlug das Angebot aus, denn sie war mittlerweile zu einer realistischen Einschätzung ihrer künstlerischen Fähigkeiten gelangt:

Ein künstlerisches Auge genügt nicht – um das, was uns in die Wiege gelegt ist, in die Tat umzusetzen, brauchen wir auch die Hand eines Künstlers. (…) Wenn ich jetzt meine Mappe durchsehe, scheint es mir, als hätte eine Fee all das, was ich einst für einen kostbaren Schatz hielt, im Laufe der Jahre (…) in

Die Brontës kopierten viele Holzschnitte aus Thomas Bewicks illustrierter Geschichte der britischen Vögel. Diese Zeichnung von Charlotte erinnert an die Szene im Eingangskapitel von Jane Eyre, *in der Jane in Bewicks Buch blättert.*

dürres Laub verwandelt; ich fühle mich versucht, meine Zeichnungen allesamt ins Feuer zu werfen.

Glücklicherweise blieben viele Zeichnungen und Gemälde der Brontës erhalten, die meisten sind im Brontë Parsonage Museum ausgestellt. Natürlich beruht ihr Ruhm auf ihrem literarischen Werk, doch die Zeit, die sie mit dem Kopieren von Bildern zubrachten, war nicht vertan: Ihre Romane sind reich an malerischen Schilderungen. Und ihre frühe Gewohnheit, zu zeichnen und Bilder zu »lesen«, schärfte ihre Beobachtungsgabe, was ihrem reifen Schreiben zugutekam.

Jugendschriften

Die Gondals treiben es so bunt wie immer. Ich arbeite zurzeit an einem Werk über den Ersten Krieg – Anne hat darüber einige Artikel geschrieben und ein Buch von Henry Sophona – Wir haben vor, diesen Spitzbuben auf den Fersen zu bleiben, solange wir Gefallen an ihnen finden; ich bin froh, sagen zu können, dass dem zurzeit so ist.

Emily Brontë am 30. Juli 1845

*W*ährend sie Material für ihr Buch sammelte, suchte Elizabeth Gaskell auch Charlottes Vater und ihren Witwer im Pfarrhaus auf, die ihr leihweise etwas Wertvolles anvertrauten:

ein Paket etwa von der Größe einer Schreibmappe für Damen, gefüllt mit Büchern aus Papier unterschiedlichen Formats (…), alles in dieser unbeschreiblich schönen Handschrift. Mr Gaskell meint, gedruckt würde es mehr als 50 Bände ergeben, doch es handelt sich um die wildesten u. widersprüchlichsten Dinge. (…) Sie geben uns eine Vorstellung von einer an Wahnsinn grenzenden Schöpferkraft.

Laut Elizabeth Gaskell bezeichneten die Bediensteten diesen Raum als »Studierzimmer der Kinder«, denn hier lasen die kleinen Brontës und ersannen ihre Fantasiewelten.

Die Rede ist von Charlotte und Branwell Brontës Jugendschriften, die Gaskell wohl als Erste außerhalb der Familie zu lesen bekam. Unter den Manuskripten fand sich Charlottes »Geschichte des Jahres« vom 12. März 1829 mit einer anschaulichen Schilderung jenes Ereignisses, mit dem alles begann:

Papa kaufte für Branwell in Leeds ein paar Soldaten als Papa nachhause kam, war es Nacht, und wir lagen im bett deshalb kam Branwell am nächsten Morgen mit einer schachtel voll Soldaten an unsere tür Emily und ich sprangen aus dem bett und ich schnapte mir einen und verkündete, das ist der Herzog von Wellington, der soll mir gehören!! Als ich das sagte, nahm sich Emily auch einen heraus. Meiner war der hübscheste von allen und in jeder Hinsicht vollkommen Emilys war ein Finster Dreinblickender gesell, wir nannten ihn Gravey Annes war ein merkwürdiges kleines Ding ganz ähnlich wie sie. Er wurde Waiting Boy genannt Branwell wählte Bonaparte.

Bald hatten sich die Kinder rund um ihre Soldaten, die sie »die Zwölf« nannten, Theaterstücke mit Titeln wie »Junge Männer«, »Unsere Gefährten« und »Inselbewohner« ausgedacht. Über die Zwölf und deren imaginäres Königreich herrschten die Kinder in Gestalt der mächtigen Schutzgeister Brannii, Tallii, Emmii und Annii.

In »Die Geschichte des Jahres« vom 12. März 1829 erzählt Charlotte von den Spielzeugsoldaten, die Patrick Brontë seinem Sohn Branwell geschenkt hatte.

Aus solchen Aufführungen ergab sich für die jungen Brontës ganz natürlich, dass sie das, was in ihrer Fantasiewelt geschah, aufschrieben. Als »Lektüre« für ihre Soldaten fertigten sie winzige Bücher und Zeitschriften und nähten sie in Einbände ein, die sie aus einem Stück Tapete oder einer alten Zuckertüte bastelten. Die Bücher enthielten ein Inhaltsverzeichnis und Anzeigenseiten und waren den Zeitschriften nachempfunden, die im Pfarrhaus gelesen wurden. Einige der Büchlein sind nur 36 mal 55 Millimeter groß, und da die Schrift entsprechend winzig ist, sind sie ohne Lupe kaum zu entziffern. Das kleine Format hatte den Vorteil, dass man nicht so viel Papier brauchte, und es bot Schutz vor den neugierigen Blicken der Erwachsenen.

Branwell und Charlotte schufen sich Angria, eine Welt, bei deren Ausgestaltung sie sich geradezu einen Wettstreit lieferten. Branwells Hauptfigur und Alter Ego hieß Alexander Percy alias Northangerland, Rogue oder Ellrington, während Charlotte sich Percys Erzfeind Zamorna widmete. In ihrem Jugendwerk griffen die Brontës gern auf Bücher zurück, die sie gelesen hatten: Strahlend schön und finster verbrecherisch, haben ihre beiden Kontrahenten z. B. fast byronsches Format.

Dieses von Charlotte gemalte Porträt soll vermutlich Alexander Percy, Herzog von Northangerland, darstellen, Branwells Alter Ego in Angria.

Helden und Schurken ihrer Zeit inspirierten die Brontës zu immer neuen Gestalten. Bald hatten sich etwa Emilys und Annes Soldaten Gravey und Waiting Boy in die beiden berühmten Polarforscher Sir Edward Parry und Sir John Ross verwandelt. Ein Artikel, den Charlotte 1830 für die Oktoberausgabe des »Young Men's Magazine« verfasste, schildert einen Besuch ihrer Figur Lord Charles Wellesley in Parrys Land. Charlotte ergeht sich darin in ausführlichen Beschreibungen herrlicher Schauplätze und großartiger Paläste und macht sich nebenher über die eher hausbackenen Schöpfungen ihrer kleinen Schwestern lustig. Parrys viereckiger Palast aus Stein, umgeben von einem Garten »von mäßiger Größe«, weist große Ähnlichkeit mit dem Pfarrhaus in Haworth auf. Offenbar wird bei Parry das Gleiche aufgetischt wie bei den Brontës, und man bindet sich zum Essen Lätzchen um, damit der Sonntagsstaat nicht bekleckert wird. Und im Gegensatz zu den Seidenkleidern und dem kostbaren Schmuck der Angrianer tragen die Frauen in Parrys Land Kleider aus braunem Wollstoff und schlichte weiße Hauben.

Emily und Anne nutzten Charlottes Aufenthalt im Internat, um ihr eigenes Land, Gondal, zu erfinden. In ihrem Tagebuchblatt von 1837 berichtet Emily, dass sie gerade an »Agustus Almedas Leben,

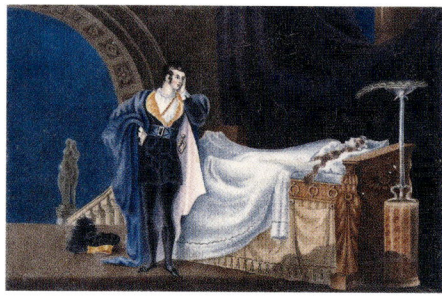

Charlottes Kopie von A. B. Claytons Bild eines Atheisten beim Betrachten der Leiche seiner Frau. Sie trifft das Original gut, macht daraus aber mit ein paar kleinen Änderungen eine Szene am Totenbett von Mary Percy, der Königin von Angria.

An der Miniaturzeitung »The Monthly Intelligencer« arbeitete Branwell zwischen dem 27. März und dem 26. April 1833.

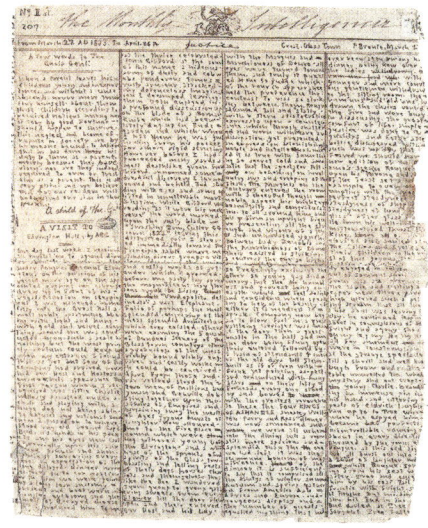

Bd. 1« arbeite. Was mit diesem und den anderen *Gondal*-Manuskripten geschah, lässt sich nur mutmaßen. Lediglich in Gedichten der Schwestern finden sich einige Fingerzeige, außerdem eine Liste mit Namen von Schauplätzen (auf der Rückseite ihres Grammatikbuches) und kurze Hinweise in den Tagebuchblättern. Bis 1845 waren Emily und Anne, damals fast 27 und 25 Jahre alt, mit der *Gondal*-Saga beschäftigt. Aus Emilys Tagebuchblatt jenes Jahres lässt sich ersehen, dass sie auf einer Reise nach York »spielten«, sie wären Figuren aus Gondal:

Anne und ich unternahmen unsere erste längere Reise ohne Begleitung – (…) im Verlauf unseres Ausflugs waren wir Ronald Macelgin, Henry Angora, Juliet Augusteena, Rosobelle Esraldan, Ella und Julian Egramont, Catherine Navarre und Cordelia Fitzaphnold, die aus den Palästen der Unterweisung geflohen waren, um sich den Königlichen anzuschließen, die zurzeit von den siegreichen Republikanern hart bedrängt werden.

Emily verließ nur selten das heimatliche Haworth, und ihr Werk aus der Erwachsenenzeit knüpft nahtlos an die Jugendschriften an. Obwohl Anne weniger ausgeprägt in einer imaginären Welt lebte als ihre Geschwister, verdankt die Figur des Huntingdon in ihrem

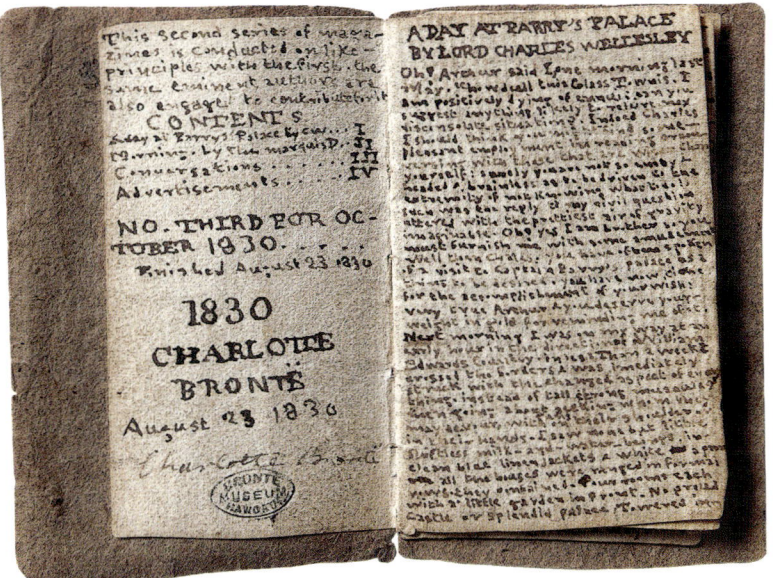

zweiten Roman – ebenso wie Emilys Heathcliff und Charlottes Rochester – einiges den Gestalten aus *Angria* und *Gondal*.

In einem Tagebuchfragment aus dem Jahr 1839, das oft als »Abschied von Angria« bezeichnet wird, beschreibt Charlotte, wie schwer es ihr fiel, sich aus ihrer selbst geschaffenen Welt zu lösen und die Bilder, die sie so lange erfüllt hätten, aus ihrer Vorstellungswelt zu verbannen. Davon zeugen auch ihre ersten Versuche als Romanautorin. In den Eingangskapiteln von *Der Professor* z. B. finden sich noch Namen und Situationen aus *Angria*, allerdings versetzt nach Yorkshire als Ort der Handlung.

Auch Branwell versuchte, sich von Angria loszureißen. Vielleicht lag es an seiner langen und intensiven Beschäftigung mit dieser imaginären Welt, dass er im wirklichen Leben nicht zurechtkam. Die aussichtslosen Affären und verhängnisvollen Leidenschaften, die das Frühwerk der Brontës prägen, lebte Branwell in gewisser Weise selbst aus, etwa in

»Ein Tag in Parrys Palast«, geschrieben von der 14-jährigen Charlotte alias Lord Charles Wellesley. In einer von Brutalität und Lügen geprägten Szene ist Lord Charles mit Parrys kleinem Sohn Eater allein. Das Kind »stand mehr als eine halbe Stunde lang vor mir auf dem Teppich und starrte mir mit dem Finger im Mund wie ein Idiot direkt ins Gesicht«. Der aufs Äußerste gereizte Lord streckt ihn mit dem Feuerhaken nieder, packt seinen Kopf und schlägt ihn auf den Boden.

Branwells Porträt von Zamorna, einer Gestalt aus Angria.

der Liaison mit Mrs Robinson, der Frau seines Arbeitgebers. Anders als seine Schwestern konnte er seine Erfahrungen mit Angria nie positiv wenden.

Nachdem alle Brontës verstorben waren, gingen die Manuskripte an Charlottes Witwer Arthur Bell Nicholls über. Vierzig Jahre lang blieben sie in braunes Papier verpackt, bis der Sammler und angesehene Bibliograf Thomas J. Wise einen Großteil davon erwarb. Er versicherte zwar, die Manuskripte seien für eine nationale Sammlung bestimmt, doch schon bald verkaufte er die kleinen, in grobes Papier eingeschlagenen Zettelchen hübsch gebunden an reiche Sammler in England und Amerika. Werke aus Branwells Feder wurden als Charlottes ausgegeben, deren Schriften höheren Sammlerwert hatten. Die so entstandene Verwirrung um die Urheberschaft hielt sich fast bis heute. Es war schwierig, die Manuskripte zu finden und zu entziffern, und so dauerte es relativ lange, bis Wissenschaftler die Erzählungen von Glasstown und Angria zusammenfügen und letztgültige Ausgaben der Werke von Charlotte und Branwell herausgeben konnten. Die Jugendschriften der Brontës bieten einen Einblick in die gemeinsamen Ursprünge ihres Schreibens und verdeutlichen, dass ihr literarischer Erfolg nicht von ungefähr kam: Bevor sie ihre Romane veröffentlichten, hatten Charlotte, Emily und Anne lange Lehrjahre als Schriftstellerinnen hinter sich.

Gedichte

Offensichtlich besitzen Sie u. zwar in nicht unerheblichem Maße eine Bega-
bung für Verse, wie Wordsworth es nennt. Ich will das nicht abwerten, wenn
ich sage, dass dies heutzutage nicht selten ist (…). Literatur kann nicht das
Geschäft eines Frauenlebens sein: u. sollte es auch nicht sein. Je mehr eine
Frau sich ihren wahren Pflichten widmet, desto weniger Muße wird sie da-
für finden, und sei es auch nur als erfüllende Entspannung. Zu diesen
Pflichten sind Sie noch nicht berufen worden, u. wenn es so weit ist, wird
Ihnen an Ihrem Ruhm nicht mehr so viel liegen.

Robert Southey in einem Brief an Charlotte Brontë
vom 12. März 1837

1836 wandte sich Charlotte, damals zwanzig Jahre alt, an den betagten Dichterfürsten Robert Southey und bat ihn um seine Meinung über ihre Gedichte. Ihr Brief ist nicht erhalten, doch aus Southeys Antwort geht hervor, dass sie ihm mitgeteilt hatte, sie wünsche als Dichterin in die Geschichte einzugehen. Seine Antwort war so wenig ermutigend, dass Charlotte bekannte, sie werde »nie wieder den Ehrgeiz verspüren, meinen Namen in einem Buch gedruckt zu sehen; falls dieser Wunsch in mir aufsteigen sollte, werde ich mir Southeys Zeilen vornehmen und ihn unterdrücken«. Glücklicherweise hielt sie sich nicht an Southeys Ratschlag.

In ihrer »Biografischen Notiz zu Ellis und Acton Bell«, die in einer Ausgabe von *Sturmhöhe* und *Agnes Grey* von 1850 erschien, berichtet Charlotte, wie es zur Veröffentlichung ihres Gedichtbandes kam:

Eines Tages im Herbst 1845 stieß ich zufällig auf ein Ms. mit Versen in der Handschrift meiner Schwester Emily. Ich war natürlich nicht überrascht, denn ich wusste, dass sie Gedichte schreiben konnte und dies auch tat: Bei

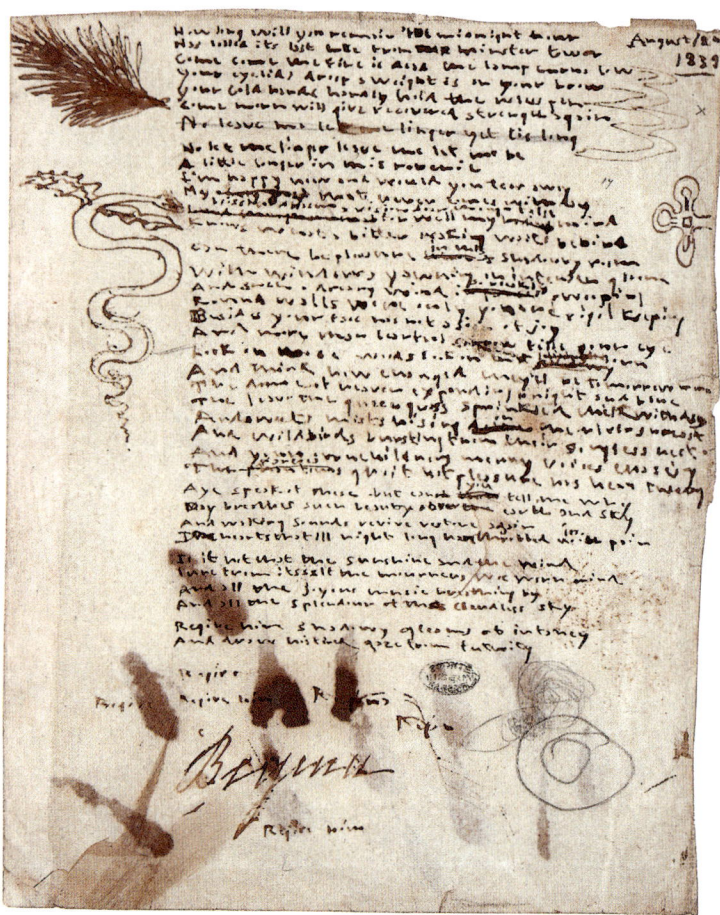

Manuskript von Emilys Gedicht »Wie lange wirst du bleiben?«, datiert auf den 12. August 1839.

der Durchsicht ergriff mich dann die tiefe Überzeugung, dass dies nicht die üblichen Ergüsse waren, geschweige denn eine Poesie, wie Frauen sie im Allgemeinen schreiben. Sie erschienen mir knapp und verdichtet, kraftvoll und authentisch. In meinen Ohren hatten sie einen ganz eigenen Klang – wild, melancholisch und erhebend.

Anne schrieb ebenfalls Gedichte, die nach Charlottes Urteil »ein eigenes, reizendes und aufrichtiges Pathos« hatten. Charlotte war überzeugt, das Material werde für einen schmalen Band mit Gedichten aller drei Schwestern reichen, und konnte die beiden anderen schließlich für ihr Projekt gewinnen. Branwell sollte nicht mit von der Partie sein, obwohl er mehrere Gedichte in Lokalzeitungen veröffentlicht hatte. Nachdem er im Jahr zuvor in Thorp Green entlassen worden war, hatte er sich der Trunksucht ergeben. Nach seinem Tod 1848 berichtete Charlotte ihrem Verleger, dass sie ihrem Bruder nichts von ihren Veröffentlichungen erzählt hätten, um nicht »allzu tiefe Gewissensbisse über seine vergeudete Lebenszeit und verschleuderten Talente« in ihm zu wecken.

Die Schwestern einigten sich, die Gedichte unter Pseudonymen erscheinen zu lassen. In ihrer »Biografischen Notiz« nennt Charlotte die Gründe:

> Da wir als Personen nicht hervortreten wollten, verbargen wir unsere Namen hinter denen von Currer, Ellis und Acton Bell; die Wahl solch mehrdeutiger Namen war davon bestimmt, dass eindeutig männliche Vornamen unserem Gewissen bedenklich erschienen, wir uns aber auch nicht als Frauen zu erkennen geben wollten, weil wir – ohne damals zu argwöhnen, dass unsere Art des Schreibens und Denkens nicht dem entspricht, was man »feminin« nennt – den Eindruck hatten, dass weibliche Autoren eher auf Vorurteile stoßen.

Die Gedichte erschienen 1846 auf Kosten der Schwestern in einer Auflage von tausend Exemplaren bei Aylott and Jones. Annes Verse behandeln meist Religiöses und zeugen vom Einfluss ihres Lieblingsdichters William Cowper. Ihre eigenen Gedichte bezeichnete Charlotte später abschätzig als »Erzeugnisse der Jugendzeit«. Emilys Gedichte sind weitaus eindringlicher als die der beiden anderen und erinnern im Ton an *Sturmhöhe*.

Aufnahme bei der Kritik

Das Besondere an Ellis Bells Gedichten erkennt auch der Kritiker des *Athenaeum*. Er beschreibt die Bells als »eine Familie mit einem Talent für Lyrisches«; über diese Gabe allerdings

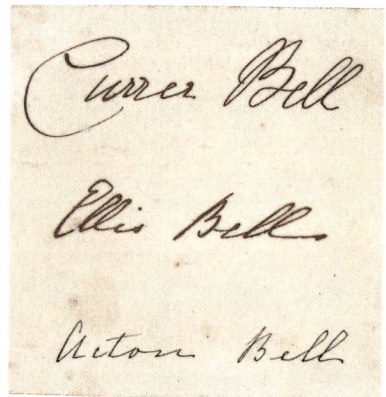

verfügen die drei Brüder (...) in sehr unterschiedlichem Maße; im Fall von Acton Bell erfordert sie zärtliche Nachsicht (...), bei Ellis schwingt sie sich zu einer Inspiration auf, die auch in breiteren Kreisen ein Publikum finden könnte. Letzterem ist ein feiner, origineller Geist zu eigen; was er zu sagen hat, könnte Menschen glücklich machen und ist kraftvoll genug, sich in Höhen zu erheben, die hier nicht angestrebt sind.

Die Unterschriften von Currer, Ellis und Acton Bell, die ein früher Autogrammjäger von den Brontës erbat.

Im *Critic* heißt es: »Dass dieses utilitaristische Zeitalter sich solch hochfliegender Geistesübungen mit so viel Genie hingeben könnte, hätte man nicht für möglich gehalten.« Trotz der positiven Rezensionen wurden vom Buch nur zwei Stück verkauft. 1847 schickten die Schwestern einige Exemplare an Schriftsteller, die sie schätzten. Charlotte schrieb dazu:

Meine Verwandten Ellis u. Acton Bell und ich haben die wiederholten Warnungen verschiedener angesehener Verlage in den Wind geschlagen und waren so unbesonnen, einen Band mit Gedichten drucken zu lassen. (...) Unser Buch hat sich als Ladenhüter erwiesen; keiner braucht es, keiner liest es; binnen eines Jahres hat unser Verleger nur zwei Exemplare veräußert, und welche Anstrengungen ihn das gekostet hat, weiß er allein.

»Der Misserfolg konnte uns nicht brechen«, schreibt Charlotte, »allein das Bemühen um Erfolg hatte unserem Leben einen wunderbaren Schwung verliehen, den es zu bewahren gilt.« Also stürzten sich die Schwestern ins nächste literarische Abenteuer – das Schreiben von Romanen.

Jane Eyre

Wir scheuen uns nicht, es auszusprechen: Aus dem Geist, der in der Ferne
Autoritäten stürzte und alle menschlichen und göttlichen Regeln verletzte,
aus dem Geist, der hierzulande Arbeiterbewegung und Rebellion förderte,
ist auch Jane Eyre *verfasst.*

Elizabeth Rigby in ihrer anonymen Rezension
im *Quarterly Review* vom Dezember 1848

*C*harlottes Versuch, ihren ersten Roman, *Der Professor*, bei Smith,
Elder & Co. unterzubringen, scheiterte. Doch mit der Ablehnung erhielt Charlotte vom Verlag einen Brief, der ihrer Ansicht
nach »die Vorzüge und Schwächen auf so liebenswürdige Weise er-
wog (…), dass ebendiese Ablehnung den Autor mehr anspornte, als
jede weniger wohlformulierte Annahme es vermocht hätte. Hinzuge-
fügt war, dass ein dreibändiges Werk sorgfältig und aufmerksam ge-
prüft würde.«

Charlotte arbeitete damals bereits an einem weiteren Manuskript,
und am 24. August 1847, nur einen Monat nach Erhalt jenes Briefes,
schickte sie *Jane Eyre* nach London. Den Verleger George Smith be-
eindruckte das Buch tief, wie er später berichtete:

Nach dem Frühstück am Sonntagmorgen zog ich mich mit dem Ms. von
Jane Eyre zur Lektüre in mein kleines Arbeitszimmer zurück. Die Handlung nahm mich rasch gefangen. (…) Alsbald kam der Diener und mel-
dete, das Mittagessen sei bereit; ich bat ihn, mir ein Sandwich und ein Glas
Wein zu bringen, und las weiter. Das Abendessen nahte; für mich war es
eine hastige Mahlzeit, und bevor ich ins Bett ging, hatte ich das Manuskript durchgelesen.

Gelegentlich wird Norton Conyers nördlich von Ripon als Vorbild für Thornfield in Jane Eyre *genannt.*

Smith nahm das Buch an und bot Charlotte hundert Pfund für die Überlassung der Verlagsrechte. *Jane Eyre* erschien am 19. Oktober 1847, und mit der immensen Popularität des Buches wendete sich für beide Seiten das Blatt: Charlotte wurde eine der gefeiertsten Autorinnen ihrer Zeit, und George Smith gehörte bald zu den erfolgreichsten Verlegern.

In *Jane Eyre* verwob Charlotte Erinnerungen an Orte und Häuser, die sie persönlich kannte, mit übernatürlichen Elementen und eigenen Fantasien. So erschuf sie Lowood – das berüchtigte Internat, in dem die ersten Kapitel des Buches spielen – nach dem Vorbild von Cowan Bridge, jener Schule, in der sie und ihre Schwestern so sehr gelitten hatten. Charlotte schrieb voller Gefühl und Leidenschaft und oftmals in einem anklagenden Ton, der ihre Wut über die ungerechte, grausame Behandlung ihrer Schwestern spüren lässt.

Gebannt folgt der Leser der Heldin im Zuge der packenden Handlung von Lowood nach Thornfield Hall, wo Jane Gouvernante von Mr Rochesters Mündel wird. Je weiter das Geschehen fortschreitet, desto düsterer wird das Haus beschrieben. Jane und Rochester sind leidenschaftliche Naturen, wobei Letzterer ein dunkles Geheimnis hütet. Am Morgen ihrer Vermählung erfährt Jane, dass er seine wahnsinnige Frau Bertha in Thornfield Hall in einem Zimmer unter dem Dach verborgen hält.

Die Verrückte auf dem Dachboden

Die Figur der wahnsinnigen Frau kommt in Werken des 19. Jahrhunderts häufig vor; Geisteskrankheit und Zügellosigkeit spielten in der Vorstellungswelt der Viktorianischen Ära eine beherrschende Rolle. Man glaubte, ungehemmte Leidenschaft führe zu geistigem Verfall und in den Irrsinn. Wie sehr dies zutraf, meinte Charlotte aus eigener Anschauung zu wissen: Sie sah am Schicksal ihres Bruders die furchtbaren Folgen der verbotenen Liebe zur Frau seines Arbeitgebers. Im Roman erfahren wir, dass bei Bertha die »Keime des Wahnsinns« durch ihre Ausschweifungen »frühzeitig zum Reifen gebracht« worden seien.

Den ganzen Roman hindurch kämpft Jane darum, sich so »diszipliniert und beherrscht« zu verhalten wie ihre frühere Lehrerin Miss Temple. Janes Hin-und-her-gerissen-Sein zwischen Selbstbeherrschung und Auflehnung wird im Buch in Bilder von Eis und Feuer gefasst. Nach Sandra Gilberts und Susan Gubars vielbeachteter Interpretation des Romans ist Bertha Janes »finstere Doppelgängerin (…), ihr geheimes, wildes Selbst, das sie seit den Tagen in Gateshead unentwegt zu unterdrücken bemüht ist«. Bertha, so heißt es dort, setze Janes geheimste Wünsche in die Tat um. Bertha lässt sich aber auch als Symbol für Rochesters zerrissenen Charakter deuten. Die beiden sehen einander ähnlich; von Jane erfahren wir, Bertha sei »eine kräftige Frau, fast so groß wie ihr Mann und zudem beleibt«. Indem er Bertha wegsperrt, versucht Rochester, so könnte man meinen, seine eigene leidenschaftliche Natur zu unterdrücken. Dass ihm dies nicht immer gelingt, wird im Roman durch Berthas Ausbruchsversuche angedeutet.

Charlotte wird von verschiedenen Fällen verrückter, an abgelegenen Orten eingeschlossener Frauen gehört haben; dergleichen gab es auch in der Gemeinde ihres Vaters. Joseph Greenwood

Apostelschrank der Familie Eyre in North Lees Hall, Hathersage. Im Roman erblickt Jane Eyre, während sie den verwundeten Mr Mason im Dachzimmer von Thornfield pflegt, einen solchen Schrank im zitternden Kerzenlicht.

THORNFIELD. HALL

*Auf dieser Illustration
von E. M. Wimperis
gleicht Thornfield Rydings;
der Künstler stützte sich
dabei auf Ellen Nussey.*
aus Springhead bei Haworth, der seine Tochter
mehrere Jahre im Obergeschoss seines Hauses gefangen hielt, war den Brontës wohlbekannt. Zu Beginn des 19. Jahrhunderts herrschten in den »Irren-
anstalten« so unmenschliche Zustände, dass viele
der angeblichen Irren zu Hause versorgt wurden; ihre Existenz wurde
wie ein schmachvolles Geheimnis gehütet. Vielleicht hat Charlotte in
ihrer Zeit als Gouvernante bei Familie Sidgwick in Stonegappe auch
Norton Conyers bei Ripon besucht. Um dieses düstere Haus rankte
sich die Sage von einer Verrückten im Dachzimmer. In Charlottes
Briefen finden sich zwar keine Hinweise auf Norton Conyers, doch
Ellen Nussey erinnerte sich, dass Charlotte »von der Geschichte der
unter dem Dach verwahrten Irren« beeindruckt gewesen sei.

Wahrscheinlich spielen Teile von *Jane Eyre* in Derbyshire, das
Charlotte 1845 mit Ellen Nussey besuchte. Als Vorbild für Thornfield Hall wird u. a. North Lees Hall in Hathersage vermutet, ein ma-
lerisches zinnenbewehrtes Herrenhaus, das einer Familie Eyre gehörte.
Ellen Nussey glaubte allerdings, dass Rydings in Birstall – ihr eigenes
früheres Zuhause – die Inspiration für Thornfield geliefert habe. Charlotte besuchte Rydings erstmals 1832. Heute ist das Haus zwar noch er-

halten, doch die Wälder mit alten Bäumen und Blauglöckchen mussten schon vor langer Zeit der Straße von Leeds nach Huddersfield weichen. Ende der 1880er Jahre lernte die Autorin und Erzieherin Janet Erskine Stuart das Haus noch eher in dem Zustand kennen, in dem es sich zu Charlottes Zeit befand. Obwohl die Schornsteine der Tuchfabrik schon damals stillgelegt waren, konnte Stuart noch behaupten, Rydings sei »ein schön gelegener herrschaftlicher Wohnsitz im Stil einer Zinnenburg, der außerhalb von Birstall auf einer Anhöhe steht. In dem Wortgemälde, das Charlotte Brontë in *Jane Eyre* von Thornfield gibt, haben wir eine lebendige Beschreibung dieses Gebäudes.«

Aufnahme bei der Kritik

Das Werk erfreute sich beim Lesepublikum sofort großer Beliebtheit, und so blieb es bis heute. Die ersten Besprechungen waren positiv, doch ein viktorianischer Roman, der religiöses und soziales Unrecht freimütig darstellte, stieß selbstverständlich auch auf Ablehnung. Die Einschätzungen, die Elizabeth Rigby im *Quarterly Review* äußerte, fanden im Jahr nach Erscheinen des Romans eine gewisse Verbreitung. Einige Kritiker griffen Rigbys Ansicht auf, dass es sich um eine »antichristliche Schrift« handele: »*Jane Eyre* als unmoralisch oder antichristlich zu bezeichnen wäre dem Autor gegenüber ungerecht«, heißt es in einer Rezension im *Christian Remembrancer*, gleichwohl habe das Buch einen »bedenklichen Zug«. Für moderne Leser ist schwer nachvollziehbar, was die ersten Kritiker an *Jane Eyre* so empörte.

Ein früher Rezensent behauptete, dass aus Charlottes Werken »eine genaue Kenntnis der menschlichen Natur in ihren schlimmsten Zügen« spreche. Charlotte war die Tochter eines Geistlichen, und so weiß auch ihre Heldin zwischen Gut und Böse klar zu unterscheiden. Bemerkenswert ist allerdings, dass Vertreter der Amtskirche in Charlottes Romanen eine harte, kalte Ausstrahlung haben und ausnahmslos mit Schwächen charakterisiert sind.

In ihrem Vorwort zur zweiten Auflage setzte Charlotte sich mit einigen Kritikpunkten auseinander. Außerdem nutzte sie die Gelegenheit und widmete das Buch dem Schriftsteller W. M. Thackeray, dessen Werk sie sehr bewunderte. Sein Urteil über ihr Buch hätte ihr sicherlich gefallen; er schrieb darüber an George Smith:

> Hätten Sie mir *Jane Eyre* doch nie zugeschickt! Das Buch fand so sehr mein Interesse, dass ich über der Lektüre einen ganzen Tag verloren (oder, wenn Sie so wollen, gewonnen) habe (…). Ich kann wirklich nicht sagen, wer der Autor sein könnte – wenn es sich um eine Frau handelt, dann versteht sie besser zu schreiben als die meisten Damen, oder sie hat eine »klassische« Ausbildung genossen. Es ist ein feines Buch, der Verfasser – Mann oder Frau – famos, der Stil prächtig und redlich, wenn ich so sagen darf. (…) Über einige Liebesszenen bin ich in Tränen ausgebrochen – sehr zum Erstaunen von John, der gerade mit den Kohlen hereinkam. (…) Ich weiß nicht, warum ich Ihnen das erzähle, doch *Jane Eyre* hat mich sehr bewegt u. erfreut.

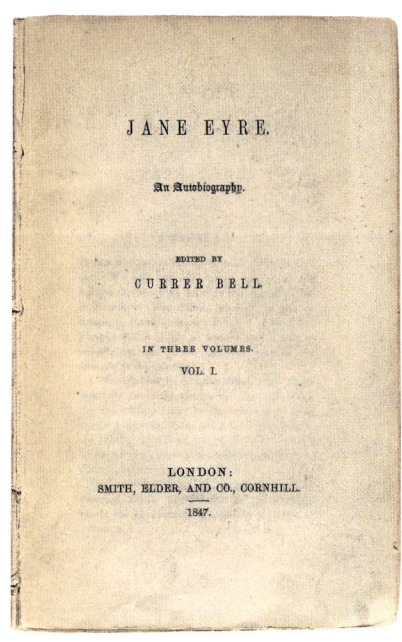

Die Erstausgabe von Jane Eyre *erschien 1847.*

Auch der Philosoph und Literaturkritiker George Henry Lewes, den Charlotte bei einem Besuch in London kennengelernt hatte, war sehr angetan. In seiner Besprechung in *Fraser's Magazine* schrieb er:

Ein solches Buch hat unser Auge schon lange nicht mehr beglückt. Die Autorin ist mit nahezu allem ausgestattet, was wir von einem Romancier erwarten: dem Verständnis für Charaktere und dem Vermögen, sie zu gestalten, mit Anschaulichkeit, Leidenschaft und Lebenserfahrung. Die Handlung ist nicht nur höchst ungewöhnlich und dabei doch bis zuletzt überzeugend entfaltet, sie wird auch Ihre Aufmerksamkeit fesseln. Selbst wenn es längst zugeschlagen ist, wird das Buch Sie nicht loslassen – der Zauber bleibt.

Sturmhöhe

Wenn wir nicht wüssten, dass Tausende junge Damen dieses Buch bereits ge-
lesen haben, würden wir es als unsere erste Pflicht ansehen, sie davor zu
warnen, schon seines derben Stils wegen.
Besprechung von *Sturmhöhe* im *American Review* von Juni 1848

Die Brontë-Schwestern arbeiteten beim Schreiben ihrer Romane zusammen – sie lasen einander Abschnitte daraus vor und diskutierten sie. Emily griff allerdings wohl kaum Anregungen ihrer Schwestern auf. Charlotte erinnerte sich:

> Wenn sie aus dem Manuskript vorlas und jemand unter dem quälen-
> den Eindruck dieser unerbittlichen, unversöhnlichen Naturen, dieser ver-
> lorenen und gefallenen Existenzen erschauderte, wenn sich die Klage er-
> hob, gewisse starke, furchtbare Szenen raubten einem durchs bloße Hören
> nachts den Schlaf und tags den Seelenfrieden, wusste Ellis Bell nicht, wo-
> von die Rede war, und warf dem Beschwerdeführenden Ziererei vor.

Im Juli 1846 hatte Emily *Sturmhöhe* abgeschlossen. Nach mehreren Absagen nahm der Londoner Verleger Thomas Cautley Newby das Manuskript zusammen mit Annes *Agnes Grey* an, allerdings zu Bedingungen, die beide Autorinnen »ein wenig ärmer machten«, wie Charlotte bemerkte: Sie sollten für eine Auflage von 350 Exemplaren fünfzig Pfund zahlen und das Geld zurückerhalten, wenn genügend Bücher verkauft waren. (Ihr Verleger war ziemlich skrupellos und ließ nur 250 Exemplare drucken, und es war an Charlotte, nach dem Tod ihrer Schwestern das Geld einzufordern.) Da die Leihbüchereien als größte Abnehmer von Büchern zu jener Zeit dreibändige Ausgaben bevorzugten, erschienen beide Romane zusammen in drei Bänden. Die ersten beiden enthielten *Sturmhöhe*, der dritte *Agnes Grey*. Mit einiger Verzögerung kamen sie im Dezember 1847 unter Emilys und Annes Pseudonymen Ellis und Acton Bell heraus. Charlotte äußerte sich in einem Brief an ihren eigenen Verlag kritisch: »Das Buch enthält einige Verstöße gegen Rechtschreibung u. Zeichensetzung – fast alle Fehler, die in der Fahne korrigiert wurden, sind stehen geblieben.«

»Düsteres düster erzählt«

Die eigentliche Handlung von *Sturmhöhe* beginnt damit, dass Mr Earnshaw von einer kurzen Reise nach Liverpool mit einem schwarzhaarigen Waisenknaben zurückkehrt. Der Junge erhält den Namen Heathcliff und wächst mit Earnshaws eigenen Kindern Hindley und Cathy in »Sturmhöhe« auf, einem abgelegenen Haus im Hochmoor. Heathcliff, das Kuckuckskind, sät Zwietracht unter den Earnshaws und ihren nächsten Nachbarn, den Lintons. Im ersten Teil des Romans geht es um die leidenschaftlich enge Bindung zwischen Heathcliff und Cathy; am Ende stirbt die mittlerweile mit Edgar Linton verheiratete Cathy im Kindbett. Heathcliff, der über diesen Verlust nicht hinwegkommt, sinnt auf Rache – beherrschendes Thema des zweiten Teils. Auf mysteriöse Weise zu Reichtum gelangt, weiß er sein Geld wie auch sein nunmehr vornehmes Auftreten geschickt einzusetzen: Er sorgt dafür, dass Hindley Earnshaw sich zu Tode trinkt, und zieht Edgars Schwester Isabella so sehr in seinen Bann, dass sie mit ihm durchbrennt. Auf diese Weise gelangt er, das einstige arme Waisenkind, in den Besitz von Sturmhöhe und von Thrushcross Grange, dem Hof der Lintons. Seine Sehnsucht nach Cathy wird am Ende so übermächtig, dass er stirbt, ohne sein Rachewerk vollendet zu haben.

Dichtung und Wahrheit

Dass sich die stürmischen Gefühle der Figuren in der wilden, windzerzausten Landschaft spiegeln, macht eine Qualität des Buches aus. Mit seiner Atmosphäre von verblasstem Glanz verdankt *Sturmhöhe* manches den Schauerromanen vom Ende des 18. Jahrhunderts. Obwohl Inhalt und Personal des Romans Emilys Fantasie entsprungen und rein fiktiv sind, kam schon früh die Idee auf, nach den realen Vorbildern für die abgelegenen Anwesen und anderen Schauplätze aller Romane der Brontë-Schwestern zu fahnden. In den 1870er Jahren, als Charlottes Verlag Smith, Elder & Co. sich entschloss, die erste Ausgabe der Brontë-Romane mit Illustrationen herauszugeben, arbeitete der damit betraute Künstler E. M. Wimperis nach einer Liste vorgeblicher Originalschauplätze, die ihm Charlottes Schulfreundin Ellen Nussey zur Verfügung gestellt hatte. Sie schlug als Vorbild für Sturmhöhe Top Withens vor, ein einsames Landhaus in etwa sechseinhalb Kilometer Entfernung vom Pfarrhaus. Es mag zwar sein, dass Emily beim Schreiben des Romans die dramatische Szenerie von Withens vor Augen hatte, allerdings weist das – heute verfallene – Haus wenig Ähnlichkeit mit dem Heim der Earnshaws auf. Das fand offenbar auch Wimperis, denn das Gebäude, das sein Stich zeigt, ist größer und ein Stockwerk höher als Top Withens.

Schnee im Moor von Stanbury mit Top Withens im Hintergrund. Das verfallene alte Anwesen soll Emily zu dem Landhaus Sturmhöhe in ihrem Roman inspiriert haben.

Als Vorbild für Thrushcross Grange, den Besitz der Lintons in Sturmhöhe, *wird oft Ponden Hall bei Stanbury vermutet.*

Mit Thrushcross Grange wird oft das etwa drei Kilometer von Haworth entfernt in einem Tal gelegene Ponden Hall in Verbindung gebracht, ein von der Familie Heaton über Generationen bewohntes Herrenhaus aus dem 17. Jahrhun-

High Sunderland Hall bei Halifax. Emily kannte es sicher aus ihrer Zeit als Lehrerin im nahen Law Hill. Wahrscheinlich stand ihr dieses Haus vor Augen, als sie die Arbeit an Sturmhöhe *aufnahm.*

dert, doch auch hier ist das Gebäude im Roman weitaus größer und anders gebaut als sein angebliches Pendant in der Wirklichkeit. Geschichten über Tragödien, die die Heatons in vergangenen Zeiten erlebt hatten, werden auch den Brontës bekannt gewesen sein – etwa jene von einem gewissen Henry Casson, der sich, ähnlich wie Heathcliff im Roman, des Besitzes seiner Familie zu bemächtigen versuchte.

Mit den tief in der Mauer sitzenden, an den Ecken verstärkten Fenstern ähnelt Sturmhöhe vielen Landhäusern in Nordengland. Was das Haus in Emilys Roman so einzigartig macht, ist seine Fassade: »Noch vor dem Überschreiten der Schwelle hielt ich an, um die groteske Bildhauerarbeit zu betrachten, mit der die Fassade verschwenderisch verziert war, das besonders über dem Haupteingang: über diesem entdeckte ich, unter einem Kunterbunt von verwitterten Greifen und schamlosen kleinen Buben, die Jahreszahl ›1500‹ und den Namen *Hareton Earnshaw*.« Angesichts dieser Beschreibung ist es sehr viel wahrscheinlicher, dass Emily hier High Sunderland Hall in Southowram heraufbeschwört, ein düsteres Gebäude auf einem Hügel über Halifax, dessen Eingang reich mit Steinmetzarbeiten geschmückt war. Sie stellten Greifen und – anstelle von Emilys »schamlosen kleinen Buben« – große, missgestaltete nackte Männer dar. Emily wird dieses auffällige Gebäude aus ihrer Zeit als Lehrerin im nahen Law Hill gekannt haben. Als sie 1838/39 dort lebte, war das Haus nicht mehr von der Familie Sunderland bewohnt, sondern von Bauern gepachtet und bereits recht verfallen. 1950 wurde es abgerissen.

Doch nicht nur architektonische Details solcher Anwesen flossen in den Roman ein, Emily hat wahrscheinlich auch die Geschichte ihrer früheren Bewohner gekannt. Lange nach dem Tod der Brontës erinnerte sich Ellen Nussey:

> Hin und wieder erzählte Mr Brontë merkwürdige Geschichten, die ihm ältere Mitglieder seiner Pfarrei berichtet hatten, vom ungewöhnlichen Leben und Treiben der Leute, die fernab aller Wege und doch in der Nachbarschaft von Haworth wohnten – Geschichten, die den Zuhörer erschaudern und erschrecken ließen, doch sie waren voll schwarzen Humors u. von Interesse für Mr Brontë und seine Kinder.

Zu Patrick Brontës Geschichten kamen die von Tabitha Aykroyd, jener Frau aus dem Ort, die den Brontës über dreißig Jahre lang im Haushalt treue Dienste leistete. Laut Elizabeth Gaskell hatte Tabby »viele Geschichten aus längst vergangenen Tagen zu erzählen, vom Landleben, (…) von früheren Bewohnern, vom Niedergang des Landadels, der verschwunden war, so dass man selbst dort, wo er einst gelebt hatte, nichts mehr von ihm wusste; von Familientragödien und dunklen Schicksalen voller Aberglauben«.

Aufnahme bei der Kritik

Nach dem phänomenalen Erfolg von *Jane Eyre* (das zwar später als *Sturmhöhe* und *Agnes Grey* von einem Verlag angenommen, aber früher veröffentlicht worden war) wurde erwartet, dass ein weiterer »Bell«-Roman Aufmerksamkeit erregen würde, und Newby hatte keine

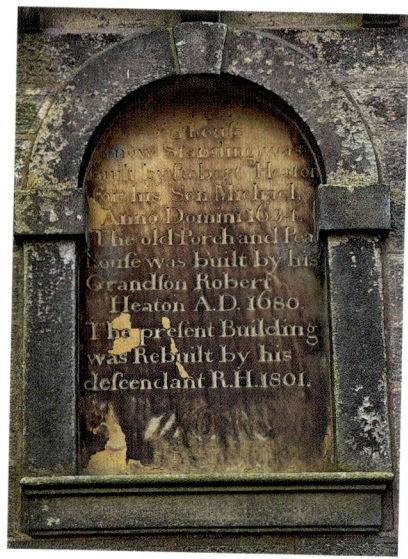

Die Inschrift auf der Tafel über dem Eingang von Ponden Hall besagt, dass Robert Heaton das Gebäude 1801 wieder aufbauen ließ; mit dieser Jahreszahl beginnt auch Sturmhöhe.

Skrupel, daraus Kapital zu schlagen. Anfangs fand *Sturmhöhe* nur Beachtung, weil man es für einen früheren Roman Currer Bells hielt, doch der Vergleich mit dem vermeintlich späteren Werk fiel meist negativ aus. Obwohl *Sturmhöhe* »nicht mit denselben Vorzügen ausgestattet« sei, meinte man doch eine »ausgeprägte Familienähnlichkeit« mit *Jane Eyre* festzustellen.

Ein früher Rezensent sah in *Sturmhöhe* »ein merkwürdiges Buch, das sich jeder üblichen Kritik entzieht« – ein Urteil, das viele seiner Kollegen teilten. Einer behauptete, er kenne »aus der gesamten Romanliteratur kein Werk, das so erschreckende Bilder einer verruchten menschlichen Natur« enthalte. Ein anderer meinte: »Derartiges ist nie zuvor geschrieben worden, und um der guten Sitten willen steht zu hoffen, dass, was die Mängel betrifft, auch nichts dergleichen folgen wird.« G. W. Peck mutmaßte in seiner Besprechung für das *American Review* angesichts der »Ruchlosigkeit« und »Wildheit« des Romans, dass »der Autor die Gesellschaft von Gentlemen nicht gewöhnt sei und sich nicht scheue, dies zur Schau zu stellen, ja sich damit zu brüsten«. Bei der Lektüre von *Sturmhöhe* sahen viktorianische Kritiker ihre These vom »verrohenden Einfluss ungehemmter Leidenschaften« bestätigt, und falls das die beabsichtigte Botschaft des Romans sein sollte, sei es allerdings die einzige, die er zu bieten habe.

Viele damalige Rezensenten waren zwar entrüstet und verdammten den Roman, sparten andererseits aber auch nicht mit Lob. So findet sich in einer Kritik, die sich missbilligend über die »ungehobelte Geringschätzung anständiger Sprache« äußert, auch das Bekenntnis, das Buch reiche »in der Tiefe der Einsichten und in seiner dramatischen Kraft« fast an Shakespeare heran. Eine solche Kraft bescheinigte die Mehrheit der Kritiker dem Roman; sie werde aber, so E. P. Whipple im *North American Review*, »vergeudet«, denn »Alpträume, in denen Teufel tanzen und Wölfe heulen, führen zu schlechten Romanen«. Diese Besprechung las Charlotte ihren Schwestern kurz vor Emilys Tod vor. In einem Brief beschreibt sie die Szene:

> Als ich an unserem stillen Kamin saß, um den jetzt eine irgendwie traurige Stimmung ist, betrachtete ich die beiden hitzigen Autoren. Ellis, der »Mann mit ungewöhnlichen Begabungen, doch verbissen, roh und verdrießlich«, lehnte sich im Sessel zurück, holte mühsam, so gut es ging, Luft und sah, mein Gott!, kläglich blass und eingefallen aus – es ist nicht seine Art, laut herauszulachen, aber beim Zuhören lächelte er doch halb amüsiert, halb spöttisch.

In einer zeitgenössischen Rezension findet sich die Prophezeiung, der Roman werde nach »einem kurzen, glanzvollen Leben verschwinden und vergessen werden … Der Geist der armen Cathy wird nicht ewig auf Erden wandeln, und die Gelüste des wahnsinnigen Heathcliff werden bald zur Ruhe kommen.« Im 19. Jahrhundert beschäftigte sich die Kritik vor allem mit Charlottes Werken, doch an der Wende zum 20. Jahrhundert fand *Sturmhöhe* viele begeisterte Anhänger. Seither wurde der Roman in über 25 Sprachen übersetzt und lieferte den Stoff für Ballette, Opern und Musicals sowie etliche Bühnen- und Fernsehbearbeitungen.

Agnes Grey

*Hätte Anne Brontë zehn Jahre länger gelebt, sie hätte denselben Rang ein-
genommen wie Jane Austen oder vielleicht sogar einen höheren (…); ihre
erste Geschichte,* Agnes Grey, *ist die vollkommenste Prosaerzählung der
englischen Literatur.*

George Moore in *Conversations in Ebury Street* von 1924

In ihrem Tagebuchblatt vom 31. Juli 1845 erwähnt Anne Brontë,
dass sie die Arbeit am dritten Band eines Manuskripts mit dem
Titel *Passages in the Life of an Individual* aufgenommen habe, vielleicht
ein früher Entwurf zu *Agnes Grey*. Dieser erste gedruckte Roman aus
ihrer Feder erzählt von Prüfungen im Leben einer Gouvernante. Er
wird oft als Autobiografie gelesen, denn wie Anne ist die Protagonistin Agnes Grey die Tochter eines Geistlichen aus Nordengland. Als
die Familie schwere Zeiten durchmacht, sehen sich Agnes und ihre
Schwestern aufgrund finanzieller Not gezwungen, selbst für ihren Lebensunterhalt zu sorgen. Agnes entschließt sich, das Haus zu verlassen
und als Gouvernante zu arbeiten – für sie ein Schritt in die Unabhängigkeit und daher eine erfreuliche Aussicht:

> Wie wunderbar wäre es, eine Gouvernante zu sein! Hinauszugehen in die
> Welt; ein neues Leben anzufangen, selbständig zu handeln; meine brach-
> liegenden Kräfte zu erproben; meinen eigenen Unterhalt zu verdienen (…);
> Papa zu zeigen, was seine kleine Agnes vermochte; Mama und Mary davon
> zu überzeugen, daß ich nicht ganz das hilflose, gedankenlose Wesen war, das
> sie in mir vermuteten.

Agnes ist in zwei Haushalten als Gouvernante tätig und rasch des-
illusioniert, denn in beiden Fällen sind die ihr anvertrauten Kinder
verzogen und schwer zu bändigen. Der Roman war natürlich durch
Annes eigene Erfahrungen als Gouvernante beeinflusst, zunächst in
der Familie Ingham in Blake Hall, Mirfield, und dann bei den Robinsons in Thorp Green Hall bei York.

Die viktorianische Gouvernante

Mit dem Aufstieg wohlhabender Fabrikanten entstand vor allem in Nordengland eine neue Mittelschicht. Die Aufgabe, deren Töchter zu unterrichten, fiel den verarmten Damen der gebildeten
Schichten oder den Töchtern mitteloser Geistlicher zu. Die Pastorentöchter hatten in Sonn-
tagsschulen Lehrerfahrung erworben, und da sie
normalerweise gut ausgebildet, ruhig und zurück-
haltend waren, schätzten die Neureichen sie. Der

*In Blake Hall (das heute
nicht mehr existiert) war
Anne 1839 als Gouvernante
bei der Familie Ingham
beschäftigt. Es war ihr nicht
gestattet, die Kinder selbst zu
bestrafen – eine problemati-
sche Situation für jeden
Lehrenden, wie sie in* Agnes
Grey *eindringlich darstellt.*

Worth Valley, ein einsamer, idyllischer Landstrich zwischen Stanbury und Oldfield im westlichen Yorkshire.

soziale Status der Gouvernante war ambivalent: Sie gehörte zwar der Mittelschicht an und zählte daher nicht zu den Bediensteten, da sie aber so arm war, dass sie für sich selbst sorgen musste, konnte man sie nicht einfach als Freundin betrachten oder wie ein Familienmitglied behandeln. Oftmals musste sich die Gouvernante gegen sehr geringes Entgelt mit unmäßig viel Arbeit und gesellschaftlicher Erniedrigung abfinden. Und als wäre dieses Schicksal nicht schon hart genug, wurde sie noch dazu entbehrlich, sobald ihre Zöglinge ins Heiratsalter kamen.

Gouvernanten waren in erster Linie mit der Erziehung junger Damen betraut. Ihre Jungen gaben wohlhabende Familien nur im Kleinkindalter in die Obhut einer Gouvernante; danach wurden sie von einem Hauslehrer unterrichtet oder auf ein Internat geschickt. Bei der Erziehung von Mädchen kam es vorrangig darauf an, sie zu einer möglichst guten Partie auf dem Heiratsmarkt zu formen; ihr Leben würde sich, so stand zu erwarten, vor wie nach der Hochzeit auf die häusliche Sphäre beschränken. Angesichts dieser Aussicht erschien eine ernstzunehmende Ausbildung für ein Mädchen ebenso überflüssig wie unerwünscht. In *Agnes Grey* beschreibt Anne die Eigenschaften, die Agnes nach den Vorstellungen ihrer Arbeitgeberin ihren Zöglingen anerziehen sollte:

Was die Mädchen betraf, so schien sie nur darauf bedacht, sie auf oberflächliche Art so gewinnend wie möglich zu machen, ohne daß ihnen durch eine augenblickliche Bemühung Unbehagen entstand (…). Im Hinblick auf die beiden Jungen verhielt es sich ähnlich, nur daß ich ihnen, um sie auf die Schule vorzubereiten, anstelle gesellschaftlicher Gewandtheit die größtmögliche Menge lateinischer Grammatik vermitteln und Valpys *Delectus* nahebringen sollte.

Aufnahme bei der Kritik

Für Anne Brontës stille Geschichte aus dem Gouvernantenleben erwies es sich als Nachteil, dass sie zusammen mit *Sturmhöhe*, Emilys Tour de Force, erschien – andernfalls hätte sie vielleicht größere Aufmerksamkeit gefunden. »Über *Agnes Grey* sind nicht viele Worte zu verlieren«, heißt es bei einem Rezensenten, und in der Tat beschränkten sich die kritischen Kommentare zu *Agnes Grey* in der Regel auf ein paar Zeilen, angehängt an eine ausführliche Besprechung von *Sturmhöhe*.

Unglücklich war auch, dass *Agnes Grey*, obwohl früher geschrieben, später erschien als Charlottes Roman *Jane Eyre* – in Annes Gouvernantengeschichte sah man deswegen nur einen Abklatsch des Werks ihrer Schwester. »Die Geschichte von *Agnes Grey* ist es wert, erzählt und gehört zu werden«, heißt es in der Besprechung in der *Douglas Jerrold's Weekly Newspaper,* und weiter: »Die Heldin hat etwas von einer jüngeren Schwester Jane Eyres, ist ihr aber in jeder Hinsicht unterlegen.«

Von allen drei Schwestern Brontë gilt Anne als die Autorin mit der geringsten Begabung. Im Jahr 1900 äußerte die Schriftstellerin Mary Augusta Ward, Annes Werke seien lediglich »eine Vergleichsgröße, um den Rang ihrer beiden Schwestern zu ermessen. Sie ist das Maß für deren Genie – ihnen ähnlich und doch nicht ebenbürtig.« Es dauerte bis weit ins 20. Jahrhundert hinein, dass Annes Werk eine Neubewertung erfuhr; in einem Kommentar heißt es gar, dass Anne Brontë »in einer anderen Familie als Genie gegolten« hätte.

Die Herrin von Wildfell Hall

Das vordringlichste Anliegen unseres Artikels ist es, unsere Leser, ganz besonders die weiblichen unter ihnen, zu warnen: Sie sollten sich nicht verleiten lassen, den Roman bis zum Ende durchzulesen, sei es wegen der fesselnden Handlung oder der gelungenen Gestaltung. Würden wir es in diesen Punkten nicht so hoch schätzen, hätten wir das Buch seinem Schicksal überlassen.
Anonyme Besprechung
in *Sharpe's London Magazine* von 1848

Anne Brontës zweiter Roman, *Die Herrin von Wildfell Hall*, erschien 1848 unter dem Pseudonym Acton Bell. Sie greift darin eine feministische Thematik auf. Als sie den Roman schrieb, hatten Frauen in England einen nicht-rechtsfähigen Status, geschweige denn ein Recht auf Eigentum. Ihr gesamter Besitz ging mit der Heirat automatisch auf den Mann über, sofern nicht – kostspielige – andere juristische Vereinbarungen getroffen worden waren. Nur sehr Begüterten stand eine Scheidung offen, und die Frauen hatten auch, was ihre Kinder betraf, keinerlei rechtliche Ansprüche.

Helen, die Protagonistin des Romans, verliebt sich in Arthur Huntingdon und heiratet ihn gegen den Rat ihrer Verwandten. Ihre Hoffnung, ihren Tunichtgut von Ehemann auf den rechten Weg zu bringen, ist rasch zerstoben. Er verschleudert einen Großteil ihres Vermögens, und bald macht sich auch sein schlechter Einfluss auf den gemeinsamen Sohn bemerkbar. Helen verlässt ihren Mann, verdient sich ihren Lebensunterhalt als Malerin und ist fortan die geheimnisvolle Herrin von Wildfell Hall.

Huntingdon weist zwar wenig Ähnlichkeit mit Branwell Brontë auf, doch bei der Schilderung des Niedergangs ihrer Romanfigur

hatte Anne sicher auch den schmachvollen Abstieg ihres Bruders
vor Augen. Die imaginären Welten ihrer Kindheit gingen ebenfalls in das Buch ein, doch im Roman sind die Ausschweifungen aus
den Salons von Gondal in eine englische Wohnstube versetzt. *Gondal* wiederum verdankt den Werken Lord Byrons viel wie auch Thomas Moores Biografie über den Dichter. Anne war von Byron zwar
anscheinend weniger beeindruckt als ihre Geschwister und lehnte
die unmoralischen und dennoch ungemein faszinierenden Roman-
helden ihrer Schwestern ab. Die unheilvolle Verbindung zwischen
Helen und Arthur Huntingdon könnte sie jedoch durchaus nach
dem Vorbild der Skandalehe von Byron und Annabella Milbanke
gestaltet haben; als reiche Erbin und in ihrer Hoffnung, den zügel-
losen Ehemann zu bessern, weist Helen erkennbare Ähnlichkeit mit
Lady Byron auf.

Es wäre interessant, zu wissen, ob Anne die Schriften von Mary
Wollstonecraft kannte. *Die Herrin von Wildfell Hall* gleicht nämlich
in Thema und Botschaft Wollstonecrafts 1798 postum erschienenem
Romanfragment *Das Unrecht an den Frauen oder Maria*. Die Titel-
heldin ist wie Helen eine ernste, intelligente junge
Frau, die eine verhängnisvolle Ehe eingeht. Sie flieht
mit ihrem Kind vor dem Ehemann, wird gefasst und

*Wildfell Hall in
einer Illustration von
E. M. Wimperis, 1872.*

WILDFELL HALL

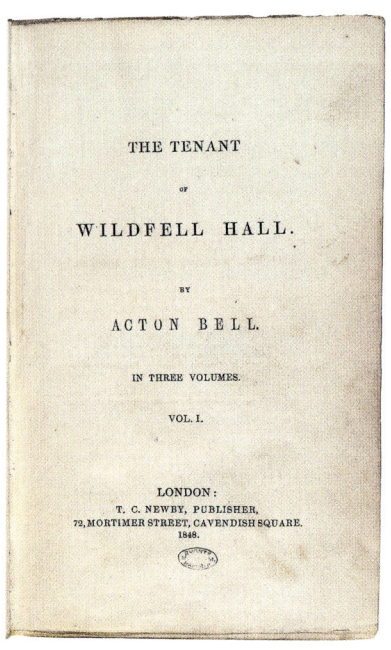

THE TENANT

of

WILDFELL HALL.

BY

ACTON BELL.

IN THREE VOLUMES.

VOL. I.

LONDON:
T. C. NEWBY, PUBLISHER,
72, MORTIMER STREET, CAVENDISH SQUARE.
1848.

Die Erstausgabe von Annes zweitem Roman, Die Herrin von Wildfell Hall, *erschien 1848 in drei Bänden bei Thomas Cautley Newby.*

in eine Anstalt eingeliefert, wo sie einen Mann namens Darnford kennenlernt. Von da an wird der Roman in Form von Lebenserinnerungen fortgeführt, die nach der Fiktion in die Hände Darnfords geraten sind, der sie wiederlieben will, sobald sie der Anstalt entflohen sind.

Charlotte war vom zweiten Roman ihrer Schwester alles andere als angetan: »*Wildfell Hall* ist es nicht wert, bewahrt zu werden«, schrieb sie an ihren Verlag, nachdem dieser die Rechte an allen Brontë-Romanen erworben hatte, und sorgte so dafür, dass der Roman nach Annes Tod zehn Jahre lang nicht wieder aufgelegt wurde. Charlotte war entsetzt, dass ihre sanfte kleine Schwester ein solches Buch geschrieben hatte, und meinte darin eine »eher morbide« Reaktion darauf zu erkennen, dass Anne »über eine lange Zeit aus nächster Nähe die schreckliche Wirkung missbrauchter Talente und vergeudeter Fähigkeiten« hatte erleben müssen. Anne, so Charlotte, »hielt es für ihre Pflicht, dies in allen Einzelheiten wiederzugeben (…); es sollte anderen eine Warnung sein. Sie hasste diese Tätigkeit und ging ihr gleichwohl nach.«

Aufnahme bei der Kritik

Der Roman verkaufte sich gut, obwohl sich viele über die ungeschönte Darstellung des Alkoholmissbrauchs und seiner Folgen empörten. In *Sharpe's London Magazine* hieß es, der Roman sei untauglich als Lektüre für genau die Personengruppe, für die er doch

eigentlich am nützlichsten wäre (nämlich idealis-
tische Mädchen, deren Glück auf dem Spiel steht,
wenn sie sich der Hoffnung hingeben, sie könnten einen bezaubern-
den Schuft heiraten und seinen Charakter zum Guten wenden);
geschuldet ist dies den lästerlichen Ausdrücken, der unfassbar derben Sprache und den widerlichen, die Seiten verunstaltenden Szenen
und Schilderungen.

Die Rush Isles Farm bei Ponden im Morgennebel.

Die von der feindseligen Aufnahme überraschte Anne schrieb für
die zweite Auflage ein Vorwort, in dem sie ihre Beweggründe darlegt:

Ich wollte die Wahrheit erzählen, denn die darin enthaltene Moral teilt sich
allen mit, die dafür empfänglich sind. Doch wie der größte Schatz allzu oft
auf dem Grund eines Brunnens liegt, braucht es einigen Mut, ihn zu he-
ben (…). (…) Wenn wir es mit Lastern und bösartigen Charakteren zu tun
haben, dann halte ich es für besser, sie so wiederzugeben, wie sie sind, als
so, wie wir sie gern hätten. (…) Würden Tatsachen seltener taktvoll ver-
schwiegen (…), gäbe es unter jungen Männern und Frauen weniger Sünde
und Elend. So müssen sie aus schmerzlichen Erfahrungen bittere Erkennt-
nisse ziehen.

Shirley

Shirley entstand unter großen Qualen (…), einen Großteil schrieb ich im Schatten drohenden Unheils, und ich kann nicht leugnen, dass ich mich beim letzten Band heftig abmühen musste, um kaum erträgliche seelische Leiden niederzuringen.
Charlotte Brontë in einem Brief
an James Taylor von 1850

*S*hirley erschien 1849 unter dem Pseudonym Currer Bell als Charlotte Brontës zweiter Roman. Sie hatte Anfang 1848 daran zu schreiben begonnen, kam aber nur mühsam voran; während ihrer Arbeit an dem Buch starben ihre drei Geschwister. Der plötzliche Tod Branwells im September 1848 ereilte sie, als sie den zweiten Band fast vollendet hatte. Nach diesem Schock litt sie an Schwächeanfällen, von denen sie sich aber rasch erholte, während es ihren Schwestern zunehmend schlechter ging. Im Dezember starb Emily, und bald nach ihrem Tod wurde klar, dass auch Anne ernstlich krank war. Charlotte legte in dieser Zeit ihr Manuskript oft beiseite; Emilys Zuspruch und kritische Anteilnahme fehlten ihr. Nachdem im Mai 1849 auch Anne gestorben war, nahm Charlotte das Schreiben wieder auf; es half ihr, um sich »aus dunkler, einsamer Wirklichkeit in eine unwirkliche, aber glücklichere Region« zu retten. Die Hauptpersonen, Caroline Helstone und Shirley Keeldar, nahmen im Verlauf der Arbeit an dem Roman Charakterzüge ihrer verstorbenen Schwestern an. Laut Elizabeth Gaskell wollte Charlotte in der Figur der Shirley ihre Schwester Emily darstellen – oder eher »eine Emily, wie sie hätte sein können, wenn sie gesund und begütert gewesen wäre«.

Den letzten Band nahm Charlotte kurz nach Annes Tod in Angriff, und am 29. August konnte sie dem Verlag die Vollendung des

Romans vermelden. *Shirley* erschien am 26. Oktober 1849 in drei Bänden bei Smith, Elder & Co.

Caroline Helstone, so erzählt der Roman, ist bei ihrem Onkel Matthewson Helstone, dem engstirnigen Pfarrer von Briarfield, aufgewachsen, weil ihre Mutter ihrem trunksüchtigen Ehemann davongelaufen war. »(…) sie denkt nicht an dich; sie fragt nie nach dir« – vielmehr erfährt Caroline vom Onkel nicht über sie. Caroline liebt Robert Moore, den Herrn von Hollow's Mill, dessen Arbeiter einen Aufstand anzetteln, als er in seiner Tuchfabrik Maschinen aufstellen lassen will.

Nach einem Streit zwischen Mr Helstone und Moore darf Caroline ihn nicht mehr besuchen und richtet sich auf ein Leben als unverheiratete Frau ein. Ihr Onkel macht sie mit Shirley Keeldar bekannt, einer sehr auf ihre Unabhängigkeit bedachten jungen Frau, die gerade ein Erbe angetreten hat und ganz in der Nähe lebt. Die beiden freunden sich an. Als Caroline schwer erkrankt, wird sie von Shirleys Gesellschafterin Mrs Pryor gepflegt, die ihr mit ihrer mütterlichen Liebe und Fürsorge das Leben rettet. Wie sich bald herausstellt, ist sie Carolines Mutter.

Shirley wird häufig jener Sorte Romane zugerechnet, die sich mit den im Zuge der Industrialisierung aufgekommenen sozialen Problemen be-

Die Ruinen der 1928 abgebauten Tuchfabrik Griffe Mill am Fluss Worth nahe Stanbury.

schäftigen; dazu gehören etwa auch Benjamin Disraelis *Sybil*, Charles Dickens' *Harte Zeiten* oder Elizabeth Gaskells *Mary Barton* und *North and South*. Die Mechanisierung in den Textilfabriken führte dazu, dass viele Beschäftigte ihre Arbeit verloren und Hunger litten. Vielerorts taten sich die Arbeiter zusammen und stürmten die Fabriken; diese Maschinenstürmer wurden »Ludditen« genannt. Von ihrem Vater wird Charlotte von der gewaltsamen Rebellion der Ludditen in Hartshead erfahren haben, und Mirfield, wo sie selbst die Schule besucht hatte, war ein Zentrum der Ludditenbewegung. Bei Elizabeth Gaskell heißt es: »Was Charlotte dort als Mädchen gehört hatte, kam ihr als erwachsene Frau in den Sinn, als sie einen Stoff für ihr nächstes Werk suchte (…). Sie war darauf erpicht, über Dinge zu schreiben, die sie aus eigener Anschauung kannte; dazu zählten die typischen Züge West Yorkshires, die sich anhand einer unter Ludditen spielenden Geschichte in ganzer Breite würden darstellen lassen.«

Shirley spielt zwar in den Jahren 1811/12, doch die Frauenfrage wird darin aus Sicht der 1840er Jahre, also der Entstehungszeit des Romans, behandelt. Das Thema war damals höchst aktuell, da immer mehr Frauen aus der Mittelschicht unverheiratet blieben und durch eine Lehrtätigkeit für sich selbst sorgen mussten, weil ihnen der Zugang zu anderen Berufen verwehrt war. Dass *Shirley* für dieses Problem am Ende des Buches – wie viele Kritiker der Autorin vorhielten – nur die traditionelle Lösung einer Heirat bietet, war keine unbewusste Entscheidung Charlottes: Sie war sich darüber im Klaren, dass es auf die Fragen, die sie aufgeworfen hatte, keine einfachen Antworten gab.

Die Romanfiguren

Shirley spielt in Birstall und Gomersal, wo Charlottes Freundinnen Ellen Nussey und Mary Taylor lebten. Viele Figuren des Romans tragen Züge von Menschen, die Charlotte von dort kannte; mitnichten jedoch, warnte Charlotte Ellen Nussey, seien »die Gestalten in

Shirley wirklichen Personen gleichzusetzen«. Der
Roman beginnt mit einer anschaulichen und wenig
schmeichelhaften Darstellung dreier Hilfsgeistlicher beim Abendessen. Und obwohl Charlotte

Oakwell Hall in Birstall, heute ein Museum, lieferte Charlotte die Inspiration für Fieldhead.

betonte, dass ihre Figuren keineswegs realen Personen entsprächen,
äußerte sie gegenüber ihrem Lektor W. S. Williams: »Die Hilfsgeistlichen und ihre Lebensumstände sind schlichtweg aus dem Leben gegriffen.« Doch nicht nur die Hilfsgeistlichen fanden sich in *Shirley*
konterfeit, auch andere Menschen aus der Gegend um Birstall erkannten sich und ihre Nachbarn wieder. »Sie fragten mich kürzlich in einem
Brief, ob ich nicht meinte, dass man mich in Yorkshire identifizieren
könne«, schrieb Charlotte an Williams. »Ich bin hier so wenig bekannt,
dass ich dem zu entgehen glaube. Außerdem beruht das Buch viel weniger auf der Wirklichkeit, als es vielleicht den Anschein hat.« Bezeich-
nenderweise wurde aber kurz nach Erscheinen des Romans das sorg-
sam gehütete Geheimnis um Charlottes Identität gelüftet.

Aufnahme bei der Kritik

Nach dem großen Erfolg von *Jane Eyre* wurde mit einiger Spannung
ein zweiter Roman des unbekannten Verfassers erwartet. Über dessen Identität finden sich in allen Besprechungen Spekulationen. »Ich

Red House in Gomersal war das Vorbild für Briarmains in Shirley. *Heute ist das Haus ein Museum, und noch immer kann man die Glasfenster bewundern.*

wünschte, alle Kritiker hielten ›Currer Bell‹ für einen Mann; sie würden ihm mehr Gerechtigkeit widerfahren lassen«, schreibt Charlotte an G. H. Lewes, der sich in einer Rezension besonders verletzend über *Shirley* geäußert hatte; und sie fährt fort:

Ich weiß, Sie werden weiterhin einen Maßstab an mich anlegen, der Ihres Erachtens meinem Geschlecht gebührt; wann immer Sie mich nicht für anmutig halten, werden Sie mich verdammen. (…) Wie dem auch sei, ich kann beim Schreiben nicht immer an mich selbst und an die Eleganz und den Reiz des Weiblichen denken; solche Begriffe oder Vorstellungen haben mir nie die Feder geführt: Wenn mein Schreiben nur mit solchen Begriffen bedacht und geduldet werden sollte, (…) dürfte ich die Öffentlichkeit nicht weiter belästigen.

Die Reaktion auf das Buch war gespalten. Ein Rezensent des *Atlas* fasste die Gefühle, die viele teilten, mit den Worten zusammen: »Es bräuchte sehr viele Shirleys, um Jane Eyre aus unseren Köpfen verschwinden zu lassen.« Die Mehrzahl der Kritiker war der Ansicht, wegen der vielen Figuren verliere das Buch an Spannung und die

männlichen Charaktere seien wenig überzeugend gestaltet. In den *Daily News* hieß es: »Die Vorzüge des Buches liegen in der Vielfalt, Schönheit und Wahrheit der Frauengestalten. Die Männer (…) wirken wie Madame Tussauds Wachsfiguren.« Ähnlich äußerte sich der Rezensent des *Fraser's Magazine*, demzufolge der Autor zwar »Herz und Verstand der Frauen, jedoch nur Stirn und Wangen der Männer« kannte. Für Charlotte war Eugene Forcades Besprechung in der *Revue des deux mondes* besonders aufschlussreich:

Die Wohnzimmerfenster von Red House. In Shirley *heißt es: »(…) die vorherrschenden Töne Purpurrot und Bernsteingelb funkeln rund um ein mattfarbenes Oval in der Mitte jedes der beiden Fenster, deren eines das liebenswerte Haupt William Shakespeares und das andere das heiter-friedliche von John Milton zeigt.«*

Ein pikantes Gewürz, das ihrem ersten Buch Feuer gab, hat Currer Bell jedoch beibehalten und die Dosis hie und da sogar erhöht: die moralische Freiheit, den Geist der Aufsässigkeit, den unwiderstehlichen Drang zur Rebellion gegen gesellschaftliche Konventionen. Das Ende von Shirley ist eine ironische Antwort an alle, die mit der Moral von Jane Eyre gerechtet haben: »Damit ist meine Geschichte zu Ende. Mir ist, als sehe ich jetzt den klugen Leser seine Brille aufsetzen und nach der Moral suchen. Es hieße seinen Scharfsinn beleidigen, wollte ich ihm Hinweise geben. Ich sage nur: Gott steh' ihm bei auf seiner Suche!«

Villette

*In meiner Selbsteinschätzung bin ich auf den Boden der Tatsachen zurück-
gekehrt, denn ich habe* Villette *gelesen, ein noch wundervolleres Buch als*
Jane Eyre. *Es hat eine fast übernatürliche Kraft.*

George Eliot in einem Brief an Mrs Bray vom 15. Februar 1853

Nach Emilys und Annes Tod entstand in einsamen Stunden
Charlottes Roman *Villette*. Die Arbeit daran fiel ihr nicht
leicht, doch schließlich erschien das Buch im Januar 1853 bei Smith,
Elder & Co. Sein Titel spielt auf seinen
Schauplatz an – Villette steht für Brüssel –, doch eigentlich geht es um Lucy
Snowe, die dort in Madame Becks Mäd-
chenpensionat eine Stellung erhalten
hat. Die Heldin und Ich-Erzählerin hat
ihre Familie verloren und ein Leben voller Entbehrungen geführt; ihr Gemüts-
zustand in diesen schwierigen, einsamen
Zeiten wird eindringlich geschildert.

*Dieser Stich aus dem
19. Jahrhundert zeigt die
Kathedrale von Brüssel. 1843
beichtete Charlotte hier
einem katholischen Priester.
Diese Episode griff sie
in* Villette *auf.*

Lucy fühlt sich zu Dr. John hingezogen, muss aber erkennen, dass er sie
nie lieben wird. Während des schwierigen Ablösungsprozesses entdeckt sie ihr
Herz für Paul Emanuel, den Englischlehrer des
Pensionats, der ihre Zuneigung erwidert. Ein
konventionelles Happy End verweigert Charlotte ihrer Leserschaft jedoch; warum, erfahren
wir bei Gaskell:

Mr Brontë war an einem positiven Ausgang von Charlottes neuer Geschichte sehr gelegen, denn ihm missfielen Romane, die beim Leser einen traurigen Eindruck hinterlassen; er forderte sie auf, ihren Helden und ihre Heldin (wie (…) im Märchen) ›heiraten und auf ewig ein glückliches Leben führen‹ zu lassen. Doch die Idee, Paul Emanuel auf See umkommen zu lassen, hatte sich so stark in ihre Fantasie eingebrannt, dass sie darin eine Tatsache sah, der sie sich nicht entgegenstellen konnte (…). Um dem Wunsch ihres Vaters zu entsprechen, kleidete sie das Geschehen in orakelhafte Worte und überließ es so dem Gespür des Lesers, ihre Absicht zu deuten.

Fantasie und Wirklichkeit

Villette weise unter Charlotte Brontës Romanen die stärksten autobiografischen Bezüge auf, heißt es oft. Figuren und Handlung sind so wirklichkeitsnah, dass sich mancher Leser und Biograf verleiten ließ, die im Buch geschilderten Begebenheiten direkt mit Geschehnissen in Charlottes Leben gleichzusetzen. Charlottes Briefe belegen, dass sie mit ihrem Schreiben besonders zufrieden war, wenn sie an reale Personen, Schauplätze oder Ereignisse anknüpfen konnte. Ihrem

Das Pensionat Heger in Brüssel, in dem Charlotte 1842/43 sowohl Schülerin als auch Lehrerin war.

Verleger schrieb sie: »Die schwächste Figur im Buch ist diejenige, die ich am schönsten gestalten wollte – wenn dem so ist, dann liegt der Mangel darin begründet, dass ihr der Ansatz des *Wirklichen* fehlt und sie allein der Einbildung entsprungen ist.«

Bei Madame Beck und Paul Emanuel finden sich Charakterzüge des Ehepaars Heger aus dem Brüsseler Pensionat wieder, und für Dr. John und Mrs Bretton hatten wohl Charlottes Verleger George Smith und seine Mutter das Vorbild geliefert. Auch einige Geschehnisse im Roman wurden von der Realität inspiriert. Lucy Snowes Beichte vor einem katholischen Priester beruht z. B. auf Charlottes persönlicher Erfahrung, und Schilderungen von Konzerten und Ausstellungen enthalten ebenfalls »Ansätze des Wirklichen«, hatte sie doch selbst in Brüssel solche Veranstaltungen besucht.

In einer unvergesslichen Szene schildert Charlotte, wie Lucy Snowe, nachdem sie ein mit einem Betäubungsmittel versetztes Getränk zu sich genommen hat, inmitten feiernder Menschen durch die Straßen läuft. Charlotte, die selbst nie Opium genossen hatte, beschrieb Elizabeth Gaskell, wie ihr die Darstellung dieser Erfahrung gelang: »Viele Nächte lang hatte sie vor dem Einschlafen intensiv daran gedacht und sich gefragt, wie das wohl wäre, was dann wohl geschähe – bis sie schließlich (…) eines Morgens beim Aufwachen alles so klar vor sich sah, als hätte sie es selbst erlebt; und dieses Erlebnis konnte sie dann Wort für Wort so beschreiben, wie es sich zugetragen hatte.«

Zweifellos hatte Charlottes Einbildungskraft einen bedeutenden Anteil an ihrem Werk; sie allein als autobiografische Schriftstellerin zu verstehen wird ihrer Begabung nicht gerecht.

Illustration zu Villette *von Edmund Dulac, 1905.*

Aufnahme bei der Kritik

Villette stieß bei der Kritik auf höchstes Lob. Der Roman wurde weder als unmoralisch angeprangert noch wegen einer vermeintlich »derben Sprache« getadelt, allerdings äußerten einige Rezensenten Bedauern über die »Verbitterung«, die ihn präge. Einige der negativen Urteile stammen von Menschen, die Charlotte persönlich kannten. »Warum ist *Villette* so unangenehm?«, fragte der Dichter Matthew Arnold und formulierte selbst die Antwort: »Weil in der Seele der Verfasserin nur Hunger, Rebellion und Wut zu finden sind; da sie nichts an-

deres kennt, ist auch ihr Buch voll davon. Das kann auch der glänzendste Stil nicht ganz übertünchen, und dies wird ihr noch zum Verhängnis werden.« Die gefürchtete Schriftstellerin und Sozialreformerin Harriet Martineau, die Charlotte in London kennengelernt hatte, war mit der Behandlung des Themas Liebe nicht einverstanden. Zwischen den Freundinnen kam es darüber zum Bruch, sie versöhnten sich nie wieder richtig.

Illustration zu Villette *von E. M. Wimperis, 1872.*

Die meisten Kritiker aber erkannten die Originalität von *Villette*. »Dieses Buch hätte sie berühmt gemacht, wäre sie es nicht schon gewesen«, heißt es in einer Besprechung. Und der Rezensent des *Critic* meinte, die Verfasserin von *Jane Eyre* und *Villette* sei durch den Inhalt ihrer Romane berühmt geworden, doch dass sie sich ihren Ruhm bewahrt habe, verdanke sie der Tatsache, dass sie einfach »gut schreibe«.

Der Professor

Ich sagte mir, dass mein Held sich so durchs Leben schlagen sollte, wie ich es bei Männern in der Wirklichkeit beobachtet hatte – dass er außer durch eigene Arbeit nie einen Schilling bekommen sollte – dass keine überraschenden Wendungen ihn plötzlich zu Reichtum und hoher Stellung bringen sollten – dass er sogar ein kleines Auskommen nur im Schweiße seines Angesichts erwerben sollte.

Charlotte Brontë im Vorwort zu *Der Professor* von 1850

*D*ass Charlotte bei ihrem ersten mit Blick auf eine Veröffentlichung geschriebenen Werk, *Der Professor*, so sehr darauf erpicht war, sich auf Alltägliches zu beschränken, quittierten alle Verlage, denen sie das Manuskript zusandte, mit einer Absage. Und für die Leihbüchereien war der Roman nicht aufregend genug. Zwar erkannte man damals, im April 1846, bei Smith, Elder & Co. das Potenzial des Textes, doch erst 1857, zwei Jahre nach Charlottes Tod, erschien er dort in einer von ihrem Witwer herausgegebenen zweibändigen Ausgabe.

Ihre Erfahrungen als Schülerin in Brüssel waren für Charlotte so bedeutsam, dass sie in zwei Romanen daran anknüpfte. Während ihres Aufenthalts dort steigerten sich ihre Gefühle für Mon-

Illustration zu Der Professor *von Edmund Dulac, 1905.*

sieur Heger zur Obsession. Ihre leidenschaftliche Anhänglichkeit an ihren »Meister«, die im auffälligen Kontrast zu der Verachtung stand, mit der sie der Schule ansonsten begegnete, blieb Madame Heger nicht verborgen. Sie sorgte dafür, dass ihr Mann und Charlotte ihren Kontakt einschränkten. Aus einem Gefühl zunehmender Vereinsamung heraus entschloss sich Charlotte schließlich, nach Haworth zurückzukehren. Von dort schrieb sie Briefe an Heger, und wenn keine Antwort kam, verdächtigte sie seine Frau, sie abgefangen zu haben. In ihren in Belgien angesiedelten Romanen spielt

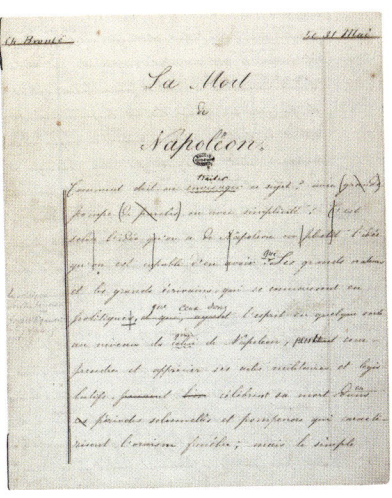

die Beziehung einer Frau zu ihrem Lehrer eine wichtige Rolle. *Der Professor* wurde daher häufig als frühe Version von *Villette* betrachtet, doch in den beiden Romanen herrscht eine ganz unterschiedliche Stimmung.

Wie in ihren *Angria*-Geschichten bedient sich Charlotte eines männlichen Erzählers. Hier ist es William Crimsworth, der vor seinem sadistischen älteren Bruder aus England nach Brüssel flieht. Er erhält eine Stelle als Lehrer an einer Jungenschule und unterrichtet auch an der angeschlossenen Mädchenschule. Zunächst fasziniert, dann aber abgestoßen von deren Leiterin Zoraide Reuter, verliebt er sich in die Lehrerin Frances Henri. Zoraide schreitet ein und sorgt für eine zeitweilige Trennung des Paares, doch William und Frances sehen sich wieder, heiraten und betreiben mit Erfolg eine eigene Schule.

Die Brontës waren von militärischen Führern wie Wellington, Nelson und Napoleon fasziniert, wovon auch dieser Essay aus Charlottes Zeit in Brüssel zeugt.

Aufnahme bei der Kritik

Bei seiner Veröffentlichung 1857 stand *Der Professor* im Schatten der ergreifenden Biografie, die Elizabeth Gaskell über ihre Freundin verfasst hatte. »Es steht außer Frage, dass all jene, die *Das Leben der Charlotte Brontë* gelesen haben, auch zu dem uns vorliegen-

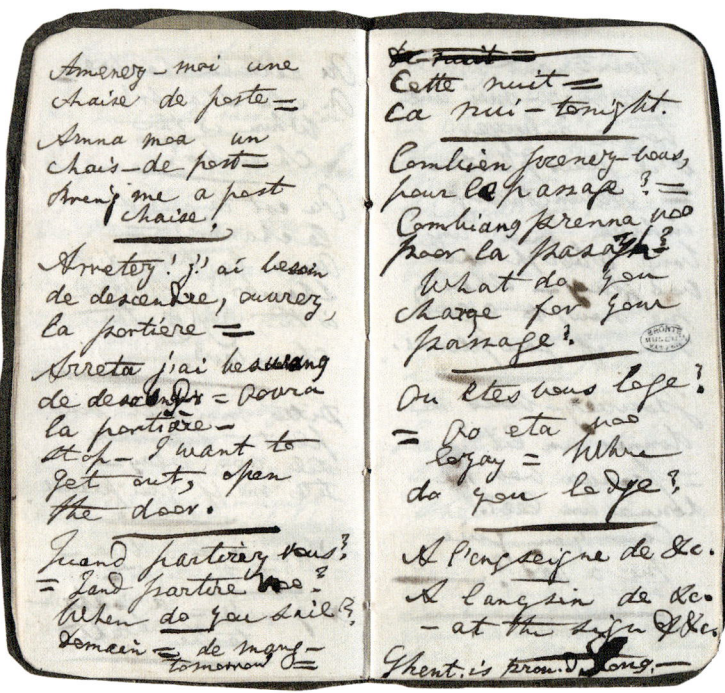

Charlotte und Emily reisten mit ihrem Vater, ihrer Freundin Mary Taylor und deren Bruder Joe nach Brüssel. Während der Reise benutzte Patrick Brontë dieses kleine Notizbuch, in das er hilfreiche französische Ausdrücke eingetragen hatte.

den Buch greifen (…) werden«, heißt es in einer Rezension, doch »es wird eher auf Neugier als auf tiefes Interesse stoßen und beim Leser den Eindruck schmerzlicher Unvollkommenheit hinterlassen. (…) Insgesamt steht es zu Currer Bells späteren Werken in einem ähnlichen Verhältnis wie eine Erzählung aus der Zeit vor Shakespeare zum Drama – es ist eher für den Künstler oder den Psychologen von Interesse.« Charlotte selbst sah durchaus die »Unzulänglichkeiten in der Handlung und seine allgemeine Reizlosigkeit; doch die Passagen in der Mitte und gegen Ende des Werks, die sich auf Brüssel, die belgische Schule etc. beziehen, könnte ich auch heute nicht besser schreiben; sie sind nach meinem Urteil prägnanter, gehaltvoller und wirklichkeitsnäher als vieles in *Jane Eyre*«.

Die Welt der Brontës

Haworth und seine Umgebung

*Ein Leben, wie Miss B es führte, hatte ich nicht gekannt, bevor Lady KS
mir deren Heimatort beschrieb – ein Dorf mit wenigen, am Nordrand eines
öden Hochmoores kauernden grauen Steinhäusern mit Blick auf weite, kahle
Moorflächen.*   Elizabeth Gaskell
                              in einem Brief an eine Freundin von 1850

*B*evor Elizabeth Gaskell zum ersten Mal einen Fuß in das Dorf
setzte, hatte sie sich schon eine genaue Vorstellung von Haworth gemacht. Vor ihrem ersten Besuch im Pfarrhaus 1853 warnte
Charlotte sie, sie solle sich, wenn sie denn ihr gemütliches Heim in

Manchester verlassen wolle, in einer Ge-
mütsverfassung auf den Weg begeben, wie
man sie »für einen kurzen Ausflug in die
hintersten Wälder Amerikas« brauche.

Gaskells Biografie ist auch deshalb eine
faszinierende Lektüre, weil die Autorin
Charlotte Brontë persönlich gekannt und in
Haworth besucht hat, doch man sollte sich
immer vor Augen halten, dass sie in erster
Linie Romanautorin war. Sie wollte ein bestimmtes
Bild von Charlotte vermitteln und ließ sich auch bei
der Schilderung der Menschen, die Charlotte nahe-
standen, und sogar bei der Darstellung von Haworth
davon leiten. Als Gaskell sich kurz nach Charlottes
Tod ans Schreiben der Biografie machte, tat sie das
in der Absicht, die Welt dazu zu bewegen, »die Frau
ebenso zu ehren, wie sie die Schriftstellerin bewun-

*»Schon aus zwei Meilen
Entfernung sieht der
Reisende (…) das Dorf
Haworth, denn es liegt an
einem recht steilen Hang
am Rande des Hochmoors
mit seinem dunklen Grau-
braun und tiefen Violett, das
sich die Hügel hinaufzieht.«
Elizabeth Gaskell*

dert hat«. Zwar waren Charlottes Romane außerordentlich populär, doch die Werke aller drei Schwestern waren auch als »roh« und »derb« verdammt worden. Beim Schreiben der Biografie war es also Gaskells Bestreben, Charlottes Ruf zu verteidigen; jede »Derbheit« in deren Werk suchte sie als unausweichliche Folge ihrer ungewöhnlichen Lebensumstände zu entschuldigen. Dass sie Haworth ein ganzes Kapitel widmete, begründete Gaskell so:

> Damit der Leser das Leben meiner geliebten Freundin Charlotte Brontë angemessen würdigen kann, erscheint es mir in ihrem besonderen Fall unumgänglich, ihn mit den Eigenarten der Bevölkerung und Gesellschaft vertraut zu machen, in deren Mitte sie aufwuchs und die in frühester Jugend ihre und ihrer Schwestern Einstellung zum menschlichen Dasein prägten.

J. O. Briery vermaß Haworth für das neu geschaffene örtliche Gesundheitsamt und fertigte 1853 diesen Plan.

Während ihres Aufenthalts in Haworth begleitete Elizabeth Gaskell ihre Freundin auf Spaziergängen ins Hochmoor. Charlotte wies dabei auf düstere alte Gebäude hin und erzählte ihr »so wilde Geschich-

ten über die Ausschweifungen der Familien, die darin lebten oder einst gelebt hatten, dass *Sturmhöhe* vergleichsweise harmlos erschien«. Um ihr Bild von Haworth noch farbiger zu gestalten, nutzte Gaskell John Newtons Biografie über William Grimshaw, den berühmten Führer

Ebor Mill, die am vollständigsten erhaltene Spinnerei in Haworth.

der evangelikalen Erneuerungsbewegung des 18. Jahrhunderts. Er hatte in Haworth gelebt und dessen Einwohner als »dumm, viehisch und gottlos« bezeichnet. Gaskell deutet in ihrem Buch an, dass sich daran bis in ihre Zeit wenig geändert habe.

Tatsächlich war Haworth ein lebhafter Ort, der von der Kammgarnindustrie lebte; sie ernährte über ein Drittel der Bevölkerung. In den drei Kammgarnfabriken und Spinnereien, die es 1850 in Haworth gab, arbeiteten Männer, Frauen und Kinder. Der wichtigste Erwerbszweig aber war die Wollkämmerei, die nach Schließung der entsprechenden Betriebe vornehmlich in Heimarbeit erledigt wurde. Um die richtige Temperatur für die Bearbeitung der Wolle zu halten, musste in den ungelüfteten Räumen Tag und Nacht ein Eisenofen brennen – eine Ursache des allgemein schlechten Gesundheitszustandes der Einwohner von Haworth.

Unter den Männern arbeiteten viele auch in den Penistone-Steinbrüchen. Die vielen Hofruinen im Moor zeugen davon, dass hier einst Menschen in kärglicher Eigenbedarfslandwirtschaft ihr Leben fristeten. Die Gebäude verfielen, nachdem sie vom örtlichen Wasserwerk aufgekauft worden waren, das eine Verschmutzung seiner Reservoire aus dem 19. Jahrhundert durch einsickernde Abwässer befürchtete.

Laut Volkszählung hatte die Gemeinde Haworth 1851 genau 3518 Einwohner; diese Zahl umfasst die Bewohner der Gegend um die Main Street und der außerhalb gelegenen Höfe. Während in den 1850er Jahren im benachbarten Keighley mehr als tausend irische Einwanderer lebten, sind für Haworth nur sechs verzeichnet, darunter Patrick Brontë und der Hilfsgeistliche Arthur Bell Nicholls.

J. Moore, Artist,   *Haworth.*

Die alte, 1879 bis auf den
Turm abgerissene Kirche von
Haworth, an der Patrick
Brontë von 1820 bis zu
seinem Tod 1861 Pfarrer war.

Haworth bestand aus kaum mehr als der steil den Hang hinaufführenden Main Street mit einer Reihe kleiner Steinhäuser aus dem 18. und frühen 19. Jahrhundert. Das Pflaster war laut Gaskell so verlegt, »dass es den Pferdehufen besseren Halt bieten sollte, doch selbst mit dieser Stütze drohten sie ständig nach hinten abzugleiten«. Zu den Nebenstraßen – eher schmutzige Wege – gehörte Newell Hill (heute Lodge Street), wo die Zusammenkünfte der Freimaurerloge Zu den drei Grazien stattfanden. Die am oberen Ende der Main Street dicht an dicht stehenden armseligen Cottages (die heute nicht mehr existieren) waren nur über enge Gassen erreichbar.

Am oberen Ende der Hauptstraße stand weithin sichtbar die Kirche St. Michael and All Angels; die zugehörige Pfarrstelle hatte Patrick Brontë über vierzig Jahre lang inne. Sie war nicht nur der geistliche Mittelpunkt, sondern spielte auch im gesellschaftlichen Leben der Gemeinde eine wichtige Rolle. Das gilt, in geringerem Maße, auch für die Kapellen der Methodisten und der Baptisten, darunter als älteste die 1824 von Baptisten auf dem Dorfanger errichtete Hall Green Chapel, mit deren Pfarrer Moses Saunders Patrick

Brontë wiederholt über theologische Fragen aneinandergeriet. Das Land um diese Kapelle wurde als Friedhof genutzt. Einen der ersten Begräbnisplätze erwarb ein 17-jähriges Mädchen namens Faithy Sutcliffe, das im Jahr darauf starb und als Erste dort bestattet wurde. Gegen Ende des Jahrhunderts wurde es dort eng, und in den Friedhofsverzeichnissen finden sich Einträge wie »Platz für eine weitere Person« oder »Platz für einen Säugling«. Nahezu sechshundert Menschen sind hier begraben.

Die Main Street Ende der 1870er Jahre. Im Vordergrund ein Wäschegeschäft; die längst abgerissenen weißen Cottages bewohnten ein Transportunternehmer und ein Tischler.

Das Innere der alten Kirche von Haworth mit der Brontë-Gedenktafel um 1870.

Bereits ein Jahrhundert vor Patrick Brontës Ankunft hatte Haworth sich weithin einen Namen gemacht. Dafür sorgte der damalige Pfarrer William Grimshaw, um den sich bunte Geschichten rankten: Er soll mit flammenden Reden die Sünder zur Umkehr gemahnt und seine Schäfchen mit der Reitpeitsche aus dem Wirtshaus in die Kirche getrieben haben. Sein plötzlicher Tod 1763 beraubte die Evangelikalen einer wichtigen führenden Persönlichkeit.

Wann genau die erste Kirche in Haworth erbaut wurde, ist nicht bekannt. Zwar wird des Öfteren behauptet, es habe dort schon viel früher ein Gotteshaus gegeben, doch die erste ur-

kundliche Erwähnung stammt aus dem Jahr 1317. Nach Auffassung des Historikers Steven Wood wurde 1488 eine neue Kirche erbaut und diese 1600 erweitert. Unter Grimshaw, der 1742 nach Haworth kam und mit seinen Predigten viele Menschen anzog, musste die Kirche vergrößert werden. Als diese Baumaßnahmen 1755 abgeschlossen waren, hatte die Kirche mit der nunmehr dreistöckigen Kanzel und dem eichenen Kastengestühl im Wesentlichen die Gestalt, die sie auch noch zu Zeiten der Brontës besaß.

*Hall Green Chapel, das
älteste erhaltene Gotteshaus
von Haworth.*

*Der Black Bull, Branwells
Stammkneipe. Sein früher
Tod war sicher auch seiner
Alkoholsucht geschuldet.
Insgesamt lag der Alkohol-
konsum in Haworth wohl
weit unter dem Durchschnitt.*

Als in den 1870er Jahren umfangreiche Sanierungsarbeiten anstanden, bot
der Fabrikant Michael Merrall, damals
einer der größten Arbeitgeber in Haworth, einen Zuschuss von fünftausend
Pfund zu einem Kirchenneubau an. Obwohl das alte Gebäude architektonisch
unbedeutend war, gab es wegen seiner
Verbindung mit Grimshaw und den
Brontës vor allem von außerhalb Wi-
derstand gegen den Abriss, der gleichwohl 1879 erfolgte. An derselben Stelle
wurde im »gotischen Stil von der Stange«, wie ein
zeitgenössischer Kommentator schrieb, eine neue
Kirche errichtet und 1881 geweiht.

Nur einen Steinwurf vom Gotteshaus entfernt
drängen sich am oberen Ende der Main Street die
Wirtshäuser. 1848 gab es drei, von denen das Black
Bull, in dem Branwell Brontë häufig einkehrte,
wahrscheinlich das älteste war, denn es findet schon
1744 Erwähnung. Für 1847 wird als Gastwirt Enoch
Thomas genannt, dessen Bruder in der Nähe eine
Wein- und Spirituosenhandlung betrieb. Die bei-
den waren Freimaurer und gehörten zu
Branwells Freundeskreis.

Von der Main Street aus führt ein
schmaler, ansteigender Weg an Kirche
und Sonntagsschule vorbei zum Pfarrhaus, das damit am äußersten Rand des
Dorfes liegt. Wer an die Brontës denkt,
hat das offene Hochmoor vor Augen,
das sich unmittelbar hinter dem Pfarrhaus erstreckt und das Charlotte so
eindringlich beschrieben hat:

Wenn ich allein hinauswandere, muss ich an die Zeiten zurückdenken, als ich mit anderen dort war, und dann kommt mir das Moor wie eine Ödnis vor, kahl, einsam und düster. Meine Schwester Emily empfand eine eigentümliche Liebe zum Moor, und so erinnert mich jede Heidekuppe, jeder Farnzweig, jeder junge Trieb eines Blaubeerstrauchs, jede auffliegende Lerche, jeder Hänfling an sie. Anne erfreute sich besonders an der Aussicht in die Ferne, und wenn ich mich umschaue, steht sie mir in den zarten Blautönen, den blassen Nebelschleiern, den welligen Hügeln und Schatten am Horizont vor Augen.

Das Innere der Hall Green Chapel der Baptisten in Haworth, die fast noch genauso aussieht wie 1824, als sie erbaut wurde.

Nicht zuletzt dank Elizabeth Gaskells Biografie, die die »wilden, merkwürdigen« Lebensumstände der Brontës in kräftigen Farben ausmalte, verband sich die aus deren literarischen Werken sprechende Leidenschaftlichkeit mit der herben Schönheit des Hochmoors, in dem sie zu Hause waren – eine wirkungsvolle Mischung, wie sich zeigte. Der Brontë-Mythos war geboren, und bald fanden Menschen aus aller Welt den Weg nach Haworth, angezogen von der Kraft der Literatur, die hier entstanden war, aber ebenso vom traurigen Schicksal der Geschwister.

Wann Top Withens erbaut wurde, ist nicht gesichert; es stammt wohl aus dem 16. Jahrhundert. Im 19 Jahrhundert lebte dort die Familie Sunderland, und als letzter Besitzer ist für 1926 der Geflügelzüchter Ernest Roddy bezeugt.

Leben und Sterben in Haworth

Diese Welt ist eine Stadt voll krummer Straßen.
Der Tod ist der Marktplatz, auf dem sich alle treffen.
Wenn das Leben ein Gut wäre, das sich kaufen ließe,
Würden die Reichen leben, und die Armen müssten immer sterben.
Grabinschrift auf dem Friedhof von Haworth

1850 untersuchte B. H. Babbage im Auftrag der Gesundheits-
behörde die Wasserversorgung und sanitären Einrich-
tungen in Haworth. Selbst dieser an Schmutz und Leid gewöhnte
Mann war erschüttert über die dortigen hygienischen Verhältnisse.
Trotz der hohen und freien Lage des Ortes lag die durchschnittliche Lebenserwartung bei nur knapp 26 Jahren und entsprach damit,
wie er feststellen musste, der in den ungesündesten Vierteln Londons.
Auf dem Friedhof von Haworth sind unzählige Kinder bestattet, viele
mit anrührenden Grabinschriften:

ZUR

Erinnerung an Bernard Hartley
aus Ebor, gestorben am 20. Septr
1841 im Alter von 41 Jahren.
EBENSO an elf seiner
Kinder, alle früh verstorben
EBENSO an die Tochter BETTY,
gestorben am 7. Febr 1842
im Alter von 14 Jahren.

ZUR ERINNERUNG AN
Mark, Sohn von George und Rebecca
Binns aus Haworth, gestorben am
20. Juni 1824 im Alter von einem Jahr.
EBENSO an Joseph, ihren Sohn, gestorben
am 29. Juli 1824 im Alter von 2 Jahren.
Unter diesem Grabstein ruhen, wie Ihr seht,
zwei holde kleine Kinder, einst von mir geliebt.
Mehr noch aber von Gott, der sie mir nahm
und dem ich sie lasse bis zum Jüngsten Tag.
EBENSO an SARAH u. ELIZABETH,
ihre Töchter,
gestorben am 25. Dez 1833
im Alter von 1 und 2 Jahren.
Ebenso an ROBERT, ihren Sohn,
gestorben am 25. Mai 1835
im Alter von 5 Jahren.

Nach Babbages Schätzung starben über 41 Prozent der Kinder in
Haworth vor Erreichen des sechsten Lebensjahres. In seinem Bericht
heißt es:

Beklagenswert ist der Gedanke, dass Jahr
für Jahr kleine Kinder, unbekannt und un-
beachtet, in so großer Zahl dahingerafft
werden; (…) wer mag sich dort, wo solch
eine hohe Kindersterblichkeit herrscht, die
bange Sorge der Mutter um ihre siechenden
Kinder ausmalen, wer die schwer auf dem
Vater lastende Pflicht, die Familie zu ernäh-
ren und mit der notwendigen Arznei zu versorgen, wer das
Übermaß an Kummer, Sorge und Leid, das die überlebenden Kinder ertragen müssen, bis sie diese todbringende
Zeit hinter sich gelassen und eine durchschnittliche Lebenserwartung erreicht haben.

Das Grab von Thomas und Betty Feather; die beiden waren erst zwei bzw. vier Jahre alt, als sie 1798 im Abstand von wenigen Tagen starben.

Als Todesursache findet sich im Sterberegister für die gesamte Bevölkerung von Haworth oftmals der Eintrag »unbekannt«, und nach Babbages Schätzung ging bei 21,7 Prozent der Todesfälle keine medizinische Versorgung voraus. Emily verzichtete freiwillig darauf. Ein gewisser Dr. Wheelhouse verzeichnet zwar, sie sei »in Behandlung« gewesen und an der Schwindsucht gestorben, doch bekanntlich verweigerte sie bis zu ihrem Tod jede ärztliche Hilfe. Der Umstand, dass es niemanden gab, der die Todesursache bescheinigte, öffnete nach Babbages Auffassung »der Verschleierung von Verbrechen, vom nackten Mord über die verschiedensten Formen von Misshandlung bis zu Hunger und Vernachlässigung, Tür und Tor«. Wie berechtigt Babbages Sorge war, veranschaulicht der Prozess gegen einen John Sagar, der 1858 in York wegen Giftmordes an seiner Frau vor Gericht stand. Während des Verfahrens wurde die Vermutung laut, seine acht in einem einzigen Grab in Haworth bestatteten Kinder seien nicht alle eines natürlichen Todes gestorben. Zwar brach die Anklage zusammen, doch der Fall verdeutlicht, was sich unter den Augen der Bewohner von Haworth hätte abspielen können.

Blick in einen Hof mit altem Kopfsteinpflaster und Nebengebäuden nahe der West Lane.

Besonders aufschlussreich sind im Sterberegister der Gemeinde die Jahre zwischen 1788 und 1812, weil jeweils auch die Todesursache verzeichnet wurde, und es erscheint nicht allzu gewagt, daraus auf die Zeit der Brontës zu schließen. Am häufigsten findet sich da der Eintrag »körperlicher Verfall«, womit verschiedene Formen der Auszehrung, darunter auch Tuberkulose, gemeint waren. Des Weiteren sind Fieber, Scharlach, Anfallsleiden, Krebs, Entzündungen, rheumatisches Fieber, Keuchhusten, Masern, Wassersucht und Niederkunft aufgeführt. Auch Stürze vom Pferd, Unfälle in Steinbrüchen oder Ertrinken (hauptsächlich von Kindern) kommen vor, und es ist die Rede von einem »armen Mann, der sich aufgehängt hat«. Zwar ist dies der einzige dort verzeichnete

Selbstmord, doch später gab es weitere. Thomas Lister, der Besitzer einer Baumwollspinnerei bei Stanbury, erhängte sich 1842 nach einer wirtschaftlichen Krise, und auch der Geistliche Thomas Brooksbank Charnock nahm 1847 den Strick. Beiden hätte ein christliches Begräbnis verweigert werden können, doch Patrick Brontë ließ sie nicht nur auf dem Friedhof bestatten, er hielt auch persönlich den Trauergottesdienst ab, statt dies dem Hilfsgeistlichen zu überlassen.

Ein schmaler Durchgang verband einst die Main Street mit Brandy Row, hier lebten arme Arbeiter dicht gedrängt in feuchten Cottages.

Im Ort herrschten damals entsetzliche hygienische Zustände. Den Brontës erging es ein wenig besser als vielen Nachbarn, denn im Hinterhof stand ein Häuschen mit zwei Aborten, während die Menschen, die gleich nebenan dicht gedrängt in 24 Häusern lebten, sich einen einzigen Abort teilen mussten. Babbage berichtet:

Brandy Row, die »Brandy-Straße«, wurde so genannt, weil sie über einen Hof zu erreichen war, in dem ein Wein- und Spirituosen-händler seinen Laden hatte. Die Häuserzeile wurde um 1970 abgerissen.

> Nicht nur, dass die Zahl der Aborte so begrenzt ist, dass die Gesundheit darunter leidet, vielfach befinden sie sich noch dazu in einem allem Anstand spottenden widerlichen Zustand. Zwei der Aborte, die jeweils von einem Dutzend Familien benutzt werden, liegen an der öffentlichen Straße, sind also nicht nur von den Häusern aus einzusehen, sondern auch den Blicken der Passanten ausgesetzt. Und als ob eine solche Lage noch nicht öffentlich genug wäre, thront ein dritter am obersten Ende der Main Street. Die dazugehörige Grube liegt darunter, mit einer

> kleinen Klappe zur Main Street; gelegentlich gibt die Klappe dem Gewicht des Unrats und der Rückstände nach, und das Ganze ergießt sich auf die öffentliche Straße. Immer aber verströmt sie ekelhafte Ausdünstungen. Im Umkreis von zwei Yards befindet sich ein Brunnen für die Wasserversorgung der umliegenden Häuser.

In den Jahren nach dem Babbage-Bericht wurden die Verhältnisse nur sehr zögernd verbessert, wobei die Arme-Leute-Gegend, im 19. Jahrhundert Brandy Row genannt, als eine der letzten von den Fortschritten profitierte. Über ein Jahrhundert später wurden diese Häuser für »praktisch unbewohnbar« erklärt.

In Haworth existierte keine Fäkalienentsorgung über die Kanalisation, und das, was Babbage euphemistisch als »Unrat« bezeichnete, wurde auf die Abfallhaufen gekippt, damit die Bauern es wegkarren konnten. Die Abwässer flossen durch ein offenes Rohr an der Main Street – mit höchst unangenehmen Folgen für die Bewohner der 25 Kellerwohnungen in Haworth, die gelegentlich überschwemmt wurden. Kein Wunder, meinte Elizabeth Gaskell, dass die Brontës ihre Spaziergänge »lieber in die Heidemoore unternahmen (…) als die lange Dorfstraße hinab«.

Auch bei der Wasserversorgung lag einiges im Argen. Der Ort erhielt sein Wasser aus elf Pumpen (von denen nur neun in Betrieb waren) und zwei Brunnen. Weitere fünf, private Brunnen lieferten einzelnen Haushalten Wasser, darunter dem Pfarrhaus. In seinem Geschäftsbuch notierte Patrick Brontë, dass aus dem Brunnen des Pfarrhauses 1847 acht Blechdosen entfernt wurden, weil der Rost das Wasser gelb gefärbt hatte. Um an saubereres Trink- oder Kochwasser zu gelangen, musste man etwa vierhundert Meter nach Spring Head laufen. Der dortige Brunnen versorgte rund 150 Haushalte, doch im Sommer war das Wasser so knapp, dass die Leute, wollten sie genug Wasser für die montägliche Wäsche haben, sich manchmal nachts um zwei auf den Weg machen mussten. Wie Babbage erfuhr, war das Wasser in dieser Jahreszeit oftmals eine stinkende grüne Brühe, so dass nicht einmal das Vieh davon trinken mochte.

Ein Unternehmer aus Haworth pachtete Sowden's Spring und ließ eine kleine Zisterne bauen, aus der über Bleirohre dreißig bis vierzig Haushalte im Dorf versorgt wurden. Während im Ort die Menschen weiter litten und starben, verschleppten einige Begüterte aus Patrick Brontës Gemeinde die Umsetzung von Babbages Empfehlungen: Sie hatten Zugang zur privaten Wasserversorgung und verweigerten die Zahlung höherer Gebühren zum Wohl derjenigen, die es weni-

ger gut getroffen hatten als sie. 1858 wurde ein kleiner
Wasserspeicher gebaut, der sich jedoch bald als un-
zureichend erwies. Erst ab den 1890er Jahren funk-
tionierte die Versorgung aus den Reservoiren von
Keighley. Bis dahin war das in Haworth zur Verfügung stehende Wasser meist durch stinkende Mist-
haufen, undichte Abortgruben und das »Leichen-
gift« verseucht, das vom höher gelegenen Friedhof
durchsickerte.

*In seinem Bericht von 1850
kritisierte Babbage den
Brauch, die Gräber mit
großen, flachen Steinen
abzudecken; so komme
weder Luft an den Boden,
noch könne Pflanzen-
bewuchs den Verwesungs-
prozess unterstützen.*

   Gleich zu Beginn seiner Amtszeit in Haworth machte Patrick
Brontë den Erzbischof von York darauf aufmerksam, dass der Friedhof dringend erweitert werden müsse, doch es vergingen vier Jahre,
bis man sich mit seiner Bitte befasste. Nach Babbages Einschätzung
hätten allein die 1344 Bestattungen der letzten zehn Jahre die gesamte Fläche des Friedhofs beansprucht. Er empfahl dessen sofortige
Schließung und betonte die besonderen Gefahren einer schlecht ent-
wässerten Begräbnisstätte in unmittelbarer Nähe von Wohnhäusern:

Ein besonders bemerkenswertes Beispiel für den Zustand des Wassers, das
aus einem Friedhof durchsickert, findet sich in Castleford, wo der Friedhof
durch die Einverleibung eines kleinen Grundstücks erweitert wurde, durch
das ein gedecktes Abflussrohr verläuft. Es entwässert in einen Graben, der

Die alte Kirche von Haworth um 1861. Mit Ausnahme des Turms wurde sie 1879 abgerissen und an ihrer Stelle eine neue errichtet. Die Umrisse des Doppelgiebels vom Dach der alten Kirche sind am Turm noch zu erkennen.

an den Garten des Pfarrers grenzt. Es fanden sich Hinweise, dass zwischen diesem Rohr und den Gräbern eine Verbindung bestand. Aus der Öffnung des Rohrs stieg ein so ekelerregender Gestank auf, wie er mir noch nie begegnet ist. (…) Nach meinem Dafürhalten wäre ein rascher Abfluss des mit dieser höchst gefährlichen, heiklen Substanz belasteten Wassers in gedeckten Rohren das wirksamste Mittel zur Verminderung jener Übel, die, daran besteht kein Zweifel, sich aus der unmittelbaren Nachbarschaft von Begräbnisstätten und bewohnten Plätzen immer ergeben.

In seiner Düsternis erscheint der Friedhof von Haworth als angemessene letzte Ruhestätte für die Brontës, und viele Besucher sind regelrecht enttäuscht, wenn sie erfahren, dass die Familie in der Kirche bestattet ist. Der Dichter Matthew Arnold, der Haworth 1853 besucht hatte, versetzte in seiner Elegie »Haworth Churchyard, April, 1855«, die er aus Anlass von Charlottes Tod schrieb, die Verstorbene und ihre Geschwister kurzerhand auf einen Friedhof inmitten der Moore und reagierte mit Missmut, als man ihn auf den Irrtum hinwies. In einem Brief an Elizabeth Gaskell schreibt er: »Ich bedaure es fast, dass Sie mich über den Ort, an dem sie bestattet sind, aufgeklärt haben. Es erscheint mir wie der letzte Pinselstrich am Gemälde jener unglücklichen Familie, dass sie am falschen, unpassenden Ort ihr Totenbett fanden, da auch das Leben ein merkwürdiges, verqueres Schicksal für sie bereithielt.«

Babbage schrieb, dass in den zwanzig Jahren vor seinem Besuch ungefähr zwölf Bestattungen in der Krypta der Kirche stattfanden. Zu ihnen gehörten auch Mitglieder der Familie Brontë, denn abgesehen von Anne, die in Scarborough starb und dort auch begraben liegt, fanden sie alle in einer Familiengruft unterhalb des Hochchors ihre letzte Ruhe. Die Praxis der Kirchenbestattung sollte, so meinte zumindest Babbage, »unverzüglich unterbunden« werden. Beim Tod Patrick Brontës 1861 musste, obwohl er ein verbrieftes Recht auf Beisetzung in der Kirche hatte, eine Erlaubnis beim zuständigen Ministerium eingeholt werden, bevor er mit seiner Familie vereint werden konnte. Die Zustimmung wurde nur unter der Bedingung erteilt, dass der Sarg mit Kohlestaub umhüllt und gesondert in Backstein oder Stein bestattet würde. Während des Neubaus der Kirche 1879 bis 1881 fürchtete man, dass sechs Grabstätten in ihrem Boden zerstört werden müssten. In der Ermächtigung zum Abriss finden sich genauere Angaben zu diesen bedrohten Gräbern, die Gruft der Brontës gehörte anscheinend nicht dazu. Ein Sohn von Reverend John Wade, der damals in Haworth amtierte, behauptete, dass »die Grabstätte der Brontës in keiner Weise betroffen war. (…) Ihr Grab verschwand wie andere auch unter einem dicken Fundament (…), auf dem das jetzige Gebäude ruht.«

Der Tischler William Wood fertigte nicht nur einige Möbel fürs Pfarrhaus, sondern auch die Särge. Einige Einträge aus seinem Geschäftsbuch sind überliefert:

2. Nov. 1842 Miss Bramwell Sargh £5-12-6
(Elizabeth Branwell war am 29. Oktober 1842 gestorben und wurde am 3. November begraben.)

Patrack Bramwell Bronty, 30 Jahre alt, starb 24. Septr. A. D – 1848

A. D. 1848 geschnitzt. Schwarzes Tuch 15/-, Metalbesatz 15/- Für Flanel u. Borte 10/3. Sargh anfertigen und auskleiden £1-5. £3-15

Und schließlich:

Emlea Jane Bronty. Gestorben 19. Dez. 1848 in irem 30. Jahr. Sargh 5 Fuß 7" lang 16" breit.

In MEMORY
OF
EMILY JANE BRONTE,
WHO DIED
DECEMBER XIX, MDCCCXLVIII,
AGED TWENTY-NINE YEARS.

Joseph Fox, Confectioner.

Trauerkarte für Emily Jane Brontë, die am Freitag, dem 22. Dezember 1848, zu Grabe getragen wurde. Bei Winifred Gerin heißt es: »(…) hinter dem Sarg ging Mr Brontë mit Keeper, der in Mr Brontës Augen an die Spitze der kleinen Prozession gehörte.«

William Wood war als Sargschreiner in Haworth gut beschäftigt. Von den vielen Särgen, die er fertigte, soll Emilys der schmalste gewesen sein, den er je für eine erwachsene Person gezimmert hat. Wir stellen uns die Brontë-Schwestern gern als gebrechliche, kränkliche Wesen vor, doch ein früher Tod war Mitte des 19. Jahrhunderts in Haworth nichts Außergewöhnliches.

Auch der Sargschreiner selbst fand seine letzte Ruhe auf dem Friedhof von Haworth, auf dessen Grabsteinen die Namen alter Familien wie Binns, Feather, Greenwood, Hartley, Heaton und Holmes vielfach zu finden sind. Ein Gang über den Friedhof verrät viel über die Menschen, die hier einst lebten und starben, und gibt uns die tröstliche Gewissheit, dass die Brontës ihr schweres Los mit vielen anderen teilten.

Das Pfarrhaus

Es war ein niedriges Steinhaus, in eine Ecke des Friedhofs gesetzt. Ein Feld (in der Übertragungsurkunde »ein Stück Land« genannt) war offenbar abgetrennt worden, und die Gründer der Kirche sahen drei Viertel davon als Beerdigungsstätte der Toten vor; das restliche Viertel begrub dann wohl die Lebenden … (…) Ich habe viele herzzerreißend elende Behausungen gesehen, doch diese war die elendeste.

Frank Peel in *History of the Spen Valley* von 1893

Nachdem Patrick Brontë 1820 auf die Pfarrstelle in Haworth berufen worden war, bewohnte die Familie über vierzig Jahre lang das Pfarrhaus, und hier schrieben die Schwestern ihre berühmten Romane. »Man fragt sich«, meinte Elizabeth Gaskell, »was wohl die vornehme, zarte, schon damals kränkelnde Ehefrau empfunden haben mag, als sie ihr neues Zuhause erblickte, das niedrige, rechteckige, steinerne Pfarrhaus dort oben vor dem sich noch weiter oben erstreckenden Moor.«

Für die Familie bedeutete der Umzug zunächst einmal, dass sie mehr Platz hatte, das Gebäude gehörte zweifellos zu den stattlicheren im Dorf. Seine elegante georgianische Fassade sticht sehr vom halbverwilderten Kirchhof ab, der das Haus an zwei Seiten umgibt. Da das Pfarrhaus zum Sinnbild des kurzen, traurigen Lebens der Brontës geworden ist, sind viele Besucher überrascht, statt eines düsteren Spukhauses freundliche, gemütliche Räume darin vorzufinden.

Das Pfarrhaus, ursprünglich Glebe House genannt, wurde 1778/79 aus dem örtlichen Sandstein erbaut. Sein erster Bewohner war Reverend John Richardson, und nach dessen Tod 1791 zog James Charnock

Kirche und Pfarrhaus von Haworth um 1860. Nach ihrem Besuch schrieb Elizabeth Gaskell, dass »hier in Herbst- und Winternächten alle vier Winde (…) gemeinsam zu wüten scheinen; sie fegen ums Haus wie wilde Bestien«.

dort ein. Über die 28 Jahre seines Aufenthalts ist wenig bekannt, man weiß nicht einmal, ob er während seiner gesamten Amtszeit dort wohnte.

Patrick Brontë berichtete über seine neue Stelle: »Mein Salär ist nicht hoch, es beträgt nur ungefähr 200 Pfund im Jahr. Doch ich habe ein schönes Haus, das außerdem mein Eigen ist, Miete ist also nicht zu zahlen.« Das Pfarrhaus wurde wie der Grund und Boden in Stanbury, der das Gehalt für den Pfarrer abwarf, von Treuhändern verwaltet. Wäre Patrick Brontë krank und damit berufsunfähig geworden, hätte die Familie ohne Einkommen und ohne ein Dach über dem Kopf dagestanden. Maria Brontë erhielt eine kleine Jahresrente, doch nachdem sie 18 Monate nach dem Umzug nach Haworth gestorben war, fiel auch dieses Einkommen weg. So musste Patrick Brontë für seine Familie allein aufkommen.

Elizabeth Gaskell konnte als einzige Brontë-Biografin das Pfarrhaus zu Lebzeiten von Patrick und Charlotte Brontë besuchen. Als sie 1853 zum ersten Mal dort hinkam, lebten die beiden, abgesehen von den Bediensteten, allein in dem Haus. In einem Brief schreibt sie:

Ich weiß nicht, wann ich je einen so ausnehmend sauberen Ort gesehen habe (…). Alles passt und harmoniert mit der Vorstellung eines Pfarrhauses auf dem Lande, dessen Bewohner über sehr bescheidene Mittel verfügen. Alles hier zeugt von peinlichster Ordnung und höchster Sauberkeit. Die Türstufen sind fleckenlos; die altmodischen kleinen Fensterscheiben glänzen wie Spiegel. Innen und außen ist bei diesem Haus die Sauberkeit auf die Spitze getrieben, bis hin zur Reinheit.

Nach der Veröffentlichung von Elizabeth Gaskells Biografie machten sich Pilgerscharen aus aller Welt auf den Weg nach Haworth. Der damals achtzigjährige Patrick Brontë gab vielen Bewunderern der Werke seiner Töchter bereitwillig Auskunft. Nach seinem Tod wohnten im Pfarrhaus John Wade (1861–1898), T. W. Storey (1898–1919), G. A. Elson (1919–1925) und J. C. Hirst (1925–1928), die gegenüber »Gaffern« verständlicherweise weniger duldsam waren.

Zwischen dem höher gelegenen Pfarrhaus und dem Dorf lagen die Kirche und ein rechteckiger Vorgarten – in Zeiten der Brontës nicht mehr als eine mit ein paar verkümmerten Sträuchern bepflanzte struppige Rasenfläche. Ellen Nussey erinnert sich, dass man, sobald man die Gartenpforte durchschritten hatte, die Werkstatt des Steinmetzen erblickte, in der »Stapel gebrauchsfertiger Steintafeln« lagen. Das unaufhörliche Geräusch »des Meißels, der die Gedenkworte für die Verstorbenen in den Stein trieb« begleitete das Leben der Brontës in Haworth.

Auf dem Hinterhof befanden sich ein Torflager und der Abort, ferner der von Moorquellen gespeiste Brunnen. Als die Brontës hier lebten, reichten die Moorflächen fast bis an die Hintertür des Pfarrhauses. Die große Waschküche, die Patrick Brontë an die Rückseite des Gebäudes hatte setzen lassen, wurde in den 1870er Jahren abgerissen, als das Pfarrhaus vergrößert wurde. Davon abgesehen befindet sich das Gebäude heute in einem ähnlichen Zustand wie zu Zeiten der Brontës. Durch die Vordertür gelangt man in die mit Steinplatten ausgelegte Eingangshalle, nach Ellen Nusseys Erinnerung »so blitzsauber wie alles im Haus«. Alle Zimmer im Erdgeschoss waren mit Steinen gefliest, und als Ellen 1833 zum ersten Mal hierherkam, lag »außer im Wohnzimmer und in der Mitte des Arbeitszimmers« nirgendwo Teppich. Wegen der Steinfußböden und der ungeschützten Lage war es im Pfarrhaus stets kalt. Geheizt wurde mit Kohle

Eingangshalle und Steintreppe sind aus den Zeiten der Brontës erhalten. Den Bogen ließ Charlotte wahrscheinlich 1850 bei der Vergrößerung des Esszimmers einbauen.

Patrick Brontë verbrachte viel Zeit in seinem Arbeitszimmer. Im Alter saß er dort »aufrecht wie ein Soldat in einem einfachen, ungepolsterten Lehnstuhl« vor dem Feuer.

und Torf, und nach Gaskells Erinnerung verbreiteten die Kaminfeuer »im ganzen Haus ein hübsches, warmes, tanzendes Licht«. Rechts der Eingangshalle war Patrick Brontës Arbeitszimmer, sparsam möbliert, aber voller Bücher und anderer Druckerzeugnisse. Der Raum beherbergte seine vielbenutzte Bibliothek und war mit Stichen nach John Martins rätselhaften Gemälden der »himmlischen Gefilde« und des Jüngsten Gerichts geschmückt. Martins visionäre Bilder wunderbarer Szenerien regten die Fantasie der Geschwister Brontë an, wie einige Passagen aus ihren Jugendschriften beweisen. An der Wand stand ein Pianino, auf dem Emily »brillant« zu spielen verstand.

Links der Halle liegt das Esszimmer, in dem die Brontës als Kinder lernten, spielten und in winzigen Büchern mit Texten und Bildern ihre Fantasiewelten schufen. Als Erwachsene pflegten die Schwestern hier ein abendliches Ritual: Sie liefen um den Esstisch herum und sprachen dabei über ihre Schriftstellerei. Die Bedienstete Martha Brown erinnerte sich, wie es ihr nach Emilys und Annes Tod stets schwer ums Herz wurde, wenn sie »Miss Brontë dort ganz allein herumgehen und immer nur gehen« hörte. Zur schlichten Einrichtung dieses Raumes gehörten Tisch und Stühle aus Mahagoni. Elizabeth Gaskell beobachtete, dass ein nicht zurechtgerückter Stuhl Charlottes Ordnungssinn so sehr verletzte, dass sie deswegen Gespräche unterbrach. Auf dem schwarzen Rosshaarsofa soll Emily im Dezember 1848 gestorben sein.

In früheren Zeiten war die Schlichtheit und Strenge der Einrichtung kaum spürbar gewesen, doch nach dem Tod der Schwestern hatte Charlotte eine gewisse Freude daran, das Pfarrhaus behaglicher einzurichten. So ließ sie 1850 das Esszimmer und das darüber liegende Schlafzimmer vergrößern. Nach Ellen Nusseys Erinnerung »verboten sich wegen Mr Brontës Angst vor Bränden Vorhänge an den Fenstern«, doch Charlotte setzte sich diesmal darüber hinweg und ließ das Esszimmer damit ausstatten. Obwohl alles andere als angetan, fügte ihr Vater sich.

Als Elizabeth Gaskell drei Jahre später zu Besuch kam, stellte sie fest, dass der Raum »offenbar in den letzten Jahren neu möbliert worden ist (…). Die vorherrschende Farbe, Karmesinrot, sorgt dafür, dass sich das Zimmer freundlich-warm von der kalten, grauen Landschaft draußen abhebt.«

Das Esszimmer des Pfarrhauses; dies war für die Schwestern der bevorzugte Ort zum Schreiben, und hier wanderten sie abends um den Tisch herum und sprachen über ihre Arbeit.

Das Zimmer hinter dem Esszimmer diente ursprünglich als »eine Art gefliester Vorratsraum«, bis Charlotte es 1854 zu einem Arbeitszimmer für ihren Ehemann Arthur Bell Nicholls umgestaltete: »Seit meiner Heimkehr habe ich eifrig genäht – das neue kleine Zimmer ist nun eingerichtet, und die grün-weißen Vorhänge sind angebracht – sie sehen recht hübsch und frisch aus.«

Hinter Patrick Brontës Arbeitszimmer lag die Küche, geselliger Mittelpunkt des Hauses. Hier versammelten sich an Winterabenden die kleinen Brontës am Feuer und lauschten Tabby Aykroyds düsteren Geschichten aus den Mooren von Yorkshire. Von den Schwestern wurde erwartet, dass sie sich an der Hausarbeit beteiligten, und insbesondere Emily half häufig bei der Küchenarbeit oder beim Brotbacken. Ein Besucher, der Ende der 1850er Jahre ins Pfarrhaus kam, erinnerte sich, wie es damals in der Küche aussah: »Alles war höchst reinlich, und die Kupferpfannen blitzten wie Gold. Es war ein behaglicher, warmer, leise summender Ort. (…) Hier lernte Emily Brontë, ein Buch vor sich aufgestellt, Deutsch, während sie den Teig knetete.«

Auf der Steintreppe stand auf halbem Weg nach oben eine Standuhr, die Patrick Brontë jeden Abend um neun vorm Zubettgehen aufzuziehen pflegte. Von den beiden rückwärtigen Schlafzimmern im ersten Stock war das eine den Bediensteten vorbehalten, das andere nutzte die Familie, zeitweise diente es aber auch als Branwells Atelier.

Drei Zimmer im ersten Stock gehen nach vorn hinaus. In dem vom Flur aus rechts über dem Esszimmer gelegenen Raum verbrachte Maria Brontë die letzten Monate ihres Lebens und starb hier 1821 auch. Danach zog ihre ältere Schwester, Elizabeth Branwell, ein, und nach deren Tod wurde das Zimmer von verschiedenen Familienmitgliedern oder von Gästen bewohnt. Hier übernachtete 1853 Elizabeth Gaskell; später lobte sie, der Blick aus dem Fenster sei »in einem gewissen Licht, vor allem bei Mondschein, wirklich schön«. Nach der Hochzeit war es das Schlafzimmer von Charlotte und ihrem Mann, und hier starb Charlotte am 31. März 1855 im Alter von 38 Jahren.

Nach dem Tod seiner Ehefrau bezog Patrick Brontë das Zimmer am anderen Ende des Flurs und behielt es bis zu seinem Tod. Da Branwell durch seine Trunksucht und Laudanumabhängigkeit in späteren Jahren zu einer Gefahr für sich selbst und seine Familie wurde – der frühen Brontë-Biografin Mary Robinson zufolge soll er sogar einmal im Rausch sein Bett in Brand gesteckt haben, Emily sorgte für Rettung –, wurde für ihn eine besondere Lösung gefunden: Patrick Brontë bestand darauf, dass sein Sohn mit ihm in einem Zimmer schlief, damit er ein Auge auf ihn haben konnte. Laut Gaskell verkündete Branwell in Anfällen von Delirium

Von den Mädchen wurde erwartet, dass sie ihren Teil der Haushaltsarbeit übernahmen. Viele der überlieferten Geschichten über das Leben im Pfarrhaus spielen in der Küche.

tremens gelegentlich, dass »entweder er oder sein Vater den Morgen nicht erleben« würde. Wenn es dann Morgen geworden war, »kam der junge Branwell aus dem Zimmer geschlendert und erklärte mit der Geschwätzigkeit des Betrunkenen: ›Der arme alte Mann und ich haben deswegen eine furchtbare Nacht verbracht; er tut sein Bestes, der arme alte Mann! Doch mit mir ist es aus.«‹ In diesem Zimmer starb Branwell am 24. September 1848 im Alter von 31 Jahren, und Jahre später, am 7. Juni 1861, verschied dort auch sein Vater. Patrick Brontë wurde 84 Jahre alt und überlebte nicht nur seine Frau, sondern auch alle seine sechs Kinder.

Es war wohl diese Standuhr, die im Pfarrhaus auf halber Treppe stand und von Patrick Brontë allabendlich auf dem Weg ins Schlafzimmer aufgezogen wurde.

Da es im 19. Jahrhundert üblich war, dass Familienmitglieder Zimmer teilten, ist schwer festzustellen, wer in welchem Zimmer schlief, als die Kinder aufwuchsen und einige von ihnen eine gewisse Zeit außer Haus verbrachten. Der winzige Raum zwischen Charlottes Zimmer und dem ihres Vaters, heute nur 1,57 Meter schmal, war etwas breiter, bevor Charlotte an der rechten Wand bauliche Veränderungen vornehmen ließ. Dieses Zimmerchen war zunächst den Kindern vorbehalten, es war ihr »Studierzimmer«. Später nahm Emily es in Beschlag. Ihr Tagebuchblatt von 1845 enthält eine Skizze, auf der sie sich in diesem Raum mit einem tragbaren Schreibpult auf dem Schoß porträtiert hat. Ihr Hund Keeper liegt ihr zu Füßen, ein weiterer Hund hat sich auf dem Bett eingerollt.

Das Kellergewölbe unter dem Pfarrhaus wird bei Führungen durchs Museum normalerweise nicht gezeigt. Man kann sich gut vorstellen, wie die Kinder hier einst ihre Stücke aufführten.

Als Patrick Brontës Nachfolger John Wade 1861 ins Pfarrhaus einzog, erschien ihm das Gebäude unkomfortabel. Da er, anders als sein Vorgänger, über ein zusätzliches privates Einkommen verfügte, hatte er die Mittel, das Pfarrhaus zu erweitern und auszubauen. 1878 ließ er, um genügend Raum für seine wachsende Familie zu schaffen, einen großen Flügel mit Giebel anbauen und

Blick in die Church Street mit dem Brontë Parsonage Museum; rechts ist die Sonntagsschule zu sehen.

nahm auch sonst umfangreiche Umbauten vor. Ein Besucher, der den Beginn der von Wade in Auftrag gegebenen Arbeiten miterlebt hat, erfuhr:

> Mr Brontë mochte keine Ausbesserungsarbeiten am Haus. So etwas kam nur ein einziges Mal vor, als nämlich das Dach eine große undichte Stelle hatte. Der neue Pfarrer ist nicht aus eigenem Entschluss in ein verrottetes altes Haus gezogen und lässt weit mehr als die notwendigen Reparaturen durchführen. Er lässt Kamine mit Marmorumrandungen einbauen und große, ungegliederte Flachglasscheiben einsetzen, die dreißig Pfund wiegen.

Heutzutage schmücken wieder Sprossenfenster das Gebäude, das in seinen früheren Zustand zurückversetzt wurde. Beschreibungen aus der Zeit der Brontës und der handgeschriebene Katalog der Gegenstände, die sich bei Patrick Brontës Tod im Pfarrhaus befanden, liefern wertvolle Informationen über die damalige Einrichtung. Heute sind auch die Räume wieder so ausgestattet, dass sie, soweit möglich, dem Zustand aus den Tagen der Brontës entsprechen. Dank der Anstrengungen der Brontë Society konnte ein Großteil der Originalmöbel wieder ins Pfarrhaus zurückgebracht werden, und auch die meisten Haushaltsgegenstände, die heute im Museum ausgestellt sind, gehörten tatsächlich der Familie.

Freunde und Bekannte

Mrs Brontës Krankheit war Entschuldigung genug, dass man keine gut-
nachbarlichen Verhältnisse pflegte, und nach ihrem Tod hatte ihr Witwer
noch weniger Neigung zu gesellschaftlichem Verkehr; (…) der umgängliche
Pfarrer von Thornton, der mit seiner Frau die kleinen Teepartys in Kipping
genossen hatte, wurde zum Einsiedler, und seine Kinder mussten ihre Ver-
gnügungen im Moor oder in der Küche bei den Bediensteten finden.
Esther Alice Chadwick in *In the Footsteps of the Brontës* von 1914

*D*ie Brontës lebten, so die verbreitete Vorstellung, in ihrem Pfarrhaus völlig abgesondert, hatten wenige Freunde und kaum
Kontakt zur Außenwelt. Charlotte selbst hat nicht unwesentlich zu
diesem Bild beigetragen, indem sie in ihrer »Biografischen Notiz«
schrieb: »Da wir in einer abgelegenen Gegend wohnten, in der Bildung nicht weit verbreitet war und infolgedessen wenig Veranlassung
bestand, gesellschaftlichen Umgang außerhalb des häuslichen Krei-
ses zu suchen, waren wir ganz auf uns selbst und aufeinander angewiesen, auf Bücher und aufs Lernen als Vergnügungen und Beschäf-
tigungen des Alltags.«

Esther Alice Chadwick, die eine der ersten Biografien über die
Brontës schrieb, berichtet von einer Geburtstagsfeier, bei der sich her-
ausstellte, »dass die Brontë-Kinder zum großen Erstaunen ihrer kleinen Gefährten die üblichen Spiele nicht kannten, die jedes Dorfkind
beherrschte«. Nun, sie hatten wirklich wenig mit Gleichaltrigen zu
tun, wozu auch? Sie waren sich selbst genug und ersannen gemeinsam ihre Fantasiewelten.

Da Patrick Brontë so bald nach dem Umzug nach Haworth seine
Frau verloren hatte, dachte er gern an die glücklichere Zeit in Thorn-

*Branwells Porträt von
Robert Taylor, dem Sohn von
Stephen und Mary Taylor.
Stephen Taylor gehörte zu
den Treuhändern der Kirche
von Haworth und trug zum
Unterhalt von Patrick
Brontës Pfarrstelle bei.*

ton zurück. »An diesem Ort hier«, vertraute er einem Freund aus jenen Tagen an, »habe ich Höflichkeiten empfangen und bin meinerseits, so hoffe ich, zu allen höflich gewesen, doch habe ich weder Freunde gesucht, noch bin ich jemandem begegnet, in dem ich einen Geistesverwandten erkannt hätte.« Da ihm selbst an Geselligkeit nichts lag, förderte er sie auch nicht bei seinen Kindern. Nach Gaskells Darstellung waren die heranwachsenden Schwestern »aller Gesellschaft beraubt, die für ihr Alter, ihr Geschlecht und ihren Stand natürlich gewesen wäre«. Die Folge war, dass sie linkisch wirkten und sich beim Zusammensein mit anderen unwohl fühlten; auch ihre altmodische Kleidung machte sie zu Außenseiterinnen. Eine Familie aus England, die sich Charlottes und Emilys in Brüssel annehmen wollte und die Schwestern einlud, berichtete, dass »Emily kaum ein Wort herausbrachte und Charlotte immerhin gelegentlich so in Erregung geriet, dass sie flüssig und gewählt sprach, allerdings nur über bestimmte Themen. Doch bevor sich ihre Zunge noch mehr gelöst hätte, drehte sie sich schnell auf ihrem Stuhl um, fast als wollte sie ihr Gesicht vor ihrem Gesprächspartner verbergen.« Ganz offensichtlich waren die Besuche für die beiden eher eine Qual als ein Vergnügen und wurden daher abrupt eingestellt.

Menschen, die den Brontës intellektuell ebenbürtig waren, gab es in Haworth, einer wachsenden Gemeinde, deren Einwohnerschaft zumeist Wolle für Fabriken bearbeitete und in der es kaum Bildungseinrichtungen gab, in nur geringer Zahl. Ein Einwohner von Haworth soll über Patrick Brontë gesagt haben: »Er kümmert sich um seine Angelegenheiten und belastet sich nicht mit unseren.« Ein Leben in völliger Isolation konnten Patrick Brontë und seine Familie allerdings nicht führen, denn ein Geistlicher hatte damals vielfältige Pflichten, von der Sozialfürsorge bis zur Überwachung der bürgerlichen Ordnung, und so arbeitete Patrick Brontë unermüdlich daran, das harte Los der Dorfbewohner zu verbessern. Auch von seinen Töchtern erwartete man eine aktive Teilnahme am Gemeindeleben; sie hatten Bedürftige zu besuchen und an der Sonntagsschule zu unterrichten. Einmal im Jahr wurden die Lehrerinnen der Sonntagsschule zum Tee ins Pfarrhaus geladen. Ellen Nussey, die eine solche Veranstaltung miterlebte, war einigermaßen entsetzt über die jungen Frauen, die fast alle »ihr täglich Brot in Fabriken verdienten«, aber »ihren Arbeitgebern nicht jenen ehrerbietigen Respekt entgegenbrachten, der anderswo bei Menschen mit anständiger Beschäftigung zum guten Ton gehört«. Gegenüber ihren Gastgeberinnen zeigten sie »einen rauen Respekt (...), aber auch ein großes Herz, denn als sie herausfanden, dass die Miss Brontës sie mit Spielen unterhalten wollten, aber nicht wussten, wie, führten sie sie darin ein«.

Selbst Branwell Brontë musste in der väterlichen Gemeinde einige Aufgaben übernehmen, z. B. Unterricht an der Sonntagsschule. Häusliche Verpflichtungen hatte er hingegen nicht, und während der Vater seinen Tätigkeiten nachging, trieb Branwell sich »oft mit Zufallsbekanntschaften aus dem Dorf herum«. Anders als seine Schwestern machte er sich also offenbar mit den Dorfbewohnern gemein. Ein Amerikaner, der 1861 nach Haworth kam – er wollte mit Menschen sprechen, die die Brontë-Schwestern persönlich gekannt hatten –, stellte fest, dass »all diese Leute auffälligerweise sofort das Gespräch von den Mädchen auf Branwell lenkten«. Dessen Persönlichkeit schien »ihnen viel deutlicher vor Augen zu stehen (...).

Offenbar pflegte er vertrauten Umgang mit ihnen, ging bei ihnen ein und aus, aber wer mit jedem plumpvertraulich ist, bringt es leider zu nichts.« In der Erinnerung vieler Dorfbewohner war Branwell der umgänglichste Brontë, nahm jede Geselligkeit wahr und hatte einen gro-

ßen Bekanntenkreis, auch außerhalb des Ortes. Dass er zeitweise Sekretär der Abstinenzlervereinigung von Haworth war, erscheint angesichts seines Absturzes in den Alkoholismus wie eine Ironie des Schick-

Blick auf Stanbury. Die Brontës verkehrten mit den Taylors, die im dortigen Herrenhaus lebten.

»Sie ist gut – sie ist treu – sie ist zuverlässig, und ich bin ihr in Liebe verbunden«, schrieb Charlotte 1850 in einem Brief an W. S. Williams über Ellen Nussey. Durch ihren Ruhm als Literatin lernte Charlotte Schriftstellerinnen wie Elizabeth Gaskell und Harriet Martineau kennen, doch sie blieb auch ihren alten Freundinnen verbunden.

sals. Branwells bester Freund in Haworth war der 13 Jahre ältere John Brown, Küster der Kirche und zugleich Meister vom Stuhl in der örtlichen Freimaurerloge, in die Branwell 1836 eingeführt wurde.

Wenn Branwell von zu Hause fort war, kostete er ebenfalls jeden geselligen Anlass voll aus, oft auch dann, wenn dies mit seiner Arbeit nicht vereinbar war. Als er sich 1838 in Bradford als Porträtmaler versuchte, verkehrte er im George Hotel mit den ortsansässigen Dichtern und Historikern, dem Bildhauer Joseph Bentley Leyland und den Malern Wilson Anderson und Richard Waller. Auch später, als Branwell Stationsvorsteher von Luddenden Foot in Halifax war, verlockten ihn die Wirtshäuser, in denen es fröhlich und herzlich zuging, dazu, seinen einsamen Posten zu verlassen. Pflicht und Vergnügen in ein vernünftiges Verhältnis zueinander zu bringen gelang ihm nie. Mehr Verständnis für Branwells Lage als seine Familie, die allmählich an ihm verzweifelte, hatte der Eisenbahningenieur Francis Grundy, ein Bekannter von ihm:

Mary Taylor wuchs zu einem unabhängigen Geist heran, emigrierte nach Neuseeland und eröffnete dort mit großem Erfolg einen Laden. Sie veröffentlichte Artikel zu den Frauenrechten, und 1890 erschien ihr Roman Miss Miles.

Allein in der Ödnis von Yorkshire mit wenigen Büchern, wenig zu tun, keinerlei Aussichten und elender Bezahlung, ohne Gesellschaft, die seinen besseren Neigungen entsprach, stattdessen umgeben von unzivilisierten, derben, wenig gebildeten Fabrikanten, bei denen er ein gerngesehener Gast war, der immer, wenn ihm danach war, zum Trinken vorbeikommen konnte – was sollte dieser trübsinnige Mann, der das Alleinsein nicht ertragen konnte, denn anderes tun?

Zu den natürlichen Gaben der Brontë-Schwestern gehörte gewandtes Parlieren nicht, und obwohl sie im Laufe ihres Lebens verschiedene gesellschaftliche Sphären streiften, scheinen sie sich außerhalb der Familie auf niemanden wirklich eingelassen zu haben. Anne freundete sich in Roe Head mit ihrer um einige Jahre jüngeren Mitschülerin Ann Cook an, doch die Verbindung brach offenbar nach Verlassen der Schule ab. Emily hielt sich ihr ganzes Leben lang von der Dorfgemeinschaft weitgehend fern und hat anscheinend als einziges Familienmitglied nie an der Sonntagsschule unterrichtet. Im Vorwort zur Neuauflage von *Sturmhöhe* 1850 schrieb Charlotte:

Branwells Porträt des Küsters John Brown; der Freimaurer lebte im Haus neben der Sonntagsschule. Francis Leyland zufolge »kam es nicht selten vor, dass Branwell (…) den derben Scherzen des Küsters von Haworth (…) lauschte, während dieser seinen Aufgaben nachging und Gräber ausschaufelte«.

Obwohl sie den Menschen in ihrer Umgebung mit Wohlwollen begegnete, suchte sie nie Umgang mit ihnen, und von sehr wenigen Ausnahmen abgesehen hatte sie keinen Kontakt zu ihnen. Dennoch waren sie ihr vertraut, sie kannte ihre Wege, ihre Sprache, ihre Familiengeschichten; sie erfuhr gern etwas von ihnen und konnte sich ausführlich, präzise, anschaulich und zutreffend über sie äußern; doch sie wechselte selten ein Wort mit ihnen.

Die Einzige der drei Schwestern, die anhaltende Freundschaften knüpfte, war Charlotte. Ihre langjährigen Freundinnen Ellen Nussey und Mary Taylor kannte sie, seit sie 1831 an Miss Woolers Schule in Roe Head gekommen war. Beide stammten aus begüterten Verhältnissen, doch während die Nusseys eine angesehene, vornehme und politisch konservative Familie waren, vertrat Marys Vater Joshua Taylor als Fabrikant und Bankier freimütig seine eher radikalen politischen Ansichten.

Margaret Wooler, eine Müllerstochter, war sehr gebildet und sprach sogar Italienisch. Charlotte kannte sie seit 1831, als sie in deren Schule in Roe Head eintrat. Da Patrick an Charlottes Hochzeit nicht teilnehmen konnte, führte Miss Wooler die Braut zum Altar.

Ellen und Mary wohnten so nah beieinander, dass die Distanz gut zu Fuß zu bewältigen war. Und

Rydings in Birstall, wo Charlottes Freundin Ellen Nussey zu Hause war.

da sie viele gemeinsame Verwandte und Bekannte hatten, sahen sie sich auch außerhalb der Schulzeiten oft. Die mehr als dreißig Kilometer entfernt lebende Charlotte musste sich mit Briefen begnügen. Da damals die Postgebühren pro Blatt Papier erhoben und vor 1840 meist vom Empfänger beglichen wurden, war sparsamer Papiergebrauch geboten. Wenn ein Blatt nicht ausreichte, wurde es um neunzig Grad gedreht und im rechten Winkel weiterbeschrieben; insbesondere Ellen Nussey schrieb gern solche »gekreuzten« Briefe, damit die Empfängerin möglichst viele Informationen für ihr Geld bekam.

Besuche unter den Freundinnen waren nicht leicht zu arrangieren, teils weil in Haworth keine Beförderungsmittel verfügbar waren, teils weil familiäre Verpflichtungen oftmals die sorgfältig ausgearbeiteten Pläne zunichtemachten. Die Eröffnung der Eisenbahnlinie nach Keighley 1847 erleichterte vieles, denn von da waren nur noch etwa sechseinhalb Kilometer nach Haworth zurückzulegen, entweder zu Fuß oder mit einem angemieteten Karren oder geschlossenen Einspänner.

In Taylors Red House in Gomersal war Charlotte mehrmals zu Gast. Später schuf sie in ihrem Roman *Shirley* in den Yorkes ein Porträt der lebhaften Familie. Nach der Lektüre merkte Marys Bruder Joe an, sie habe sie »nicht stark genug gezeichnet«, während Mary kommentierte: »Was für einen kleinen Trampel hast Du aus mir gemacht!«

Elizabeth Gaskell erfuhr von Mary Taylor, dass Charlotte, bevor sie selbst berühmt wurde, literarischen Erfolg als den »Schlüssel zur Gesellschaft kluger Menschen« ansah, und nach der Veröffentlichung von *Jane Eyre* korrespondierte sie tatsächlich mit mehreren damals sehr bekannten Schriftstellern. Als sie zum zweiten Mal nach London reiste und im Haus ihres Verlegers George Smith wohnte, waren alle Schwestern tot, und in ihr stieg die traurige Erinnerung an Emily auf, die »nie selbst auf irgendeine Gesellschaft ging; immer wenn ich von einer zurückkehrte, unterhielt ich sie damit, dass ich ihr einen klaren, wahrheitsgetreuen Eindruck von jeder Szene vermittelte, die ich miterlebt hatte. Wenn man sie drängte, selbst zu gehen, sagte sie manchmal: ›Wozu? Charlotte wird mir alles nach Hause bringen.‹«

Charlotte widersetzte sich Smiths Versuchen, sie in den literarischen Zirkeln von London herumzureichen, nahm aber die Gelegenheit zu einer Begegnung mit dem Romancier Thackeray gern wahr. Außerdem lernte sie in London den Schriftsteller und Rezensenten G. H. Lewes und die Autorin Harriet Martineau kennen, mit denen sie fortan Briefe wechselte. Besonders lohnend war die Bekanntschaft mit Elizabeth Gaskell. Die beiden sahen sich 1850 bei Sir James Kay-Shuttleworth in Windermere zum ersten Mal, besuchten einander danach wechselseitig und blieben bis zu Charlottes Tod 1855 befreundet.

Nach den aufregenden Aufenthalten in London war Charlotte meist körperlich und seelisch sehr erschöpft, standen die Erlebnisse dort doch in scharfem Kontrast zu ihrem Alltagsleben in Haworth. Dort galt es wieder sehnsüchtig auf Briefe zu warten, die für sie als Band zur Außenwelt lebenswichtig waren. Kurz nach Annes Tod schrieb Charlotte an ihren Lektor W. S. Williams:

> In der Tat ist die Arbeit mein bester Begleiter – darüber hinaus erwarte ich keinen großen irdischen Trost außer in meinem Geist wohltuender Beschäftigung – Für Gesellschaft – tauge ich durch lange Absonderung nicht viel – ich frage mich, ob ich sie genießen könnte, wenn ich sie denn hätte. Manchmal scheint es mir so, und mich dürstet danach – dann wieder zweifle ich, sehe mich unfähig, anderen zu gefallen und selbst Freude daran zu empfinden. Die in Einzelhaft Gefangene – die Kröte im Marmorblock – alle geben sich die Gestalt, die zu ihrem Los passt.

Wie die Heldinnen ihrer Romane waren auch die Brontë-Schwestern selbst zeit ihres Lebens Außenseiterinnen. Vielleicht wird in Berichten über ihr Einsiedlerdasein ein wenig übertrieben, doch zweifellos waren die Brontës in Haworth isoliert. Da die Geschwister aber einander so eng verbunden waren und unter sich die Gesellschaft verwandter Geister genossen, mögen sie ihre Isolation nicht so stark empfunden haben.

Das Erbe der Brontës

Die Biografen der Brontës

Eines Tages, vielleicht in mehreren Jahren – wenn ich denn lange genug lebe und niemand mehr da ist, den eine solche Publikation verletzen könnte – werde ich veröffentlichen, was ich über sie weiß, und die Welt (sofern ich mich denn überzeugend ausdrücke) dazu bewegen, die Frau ebenso zu ehren, wie sie die Schriftstellerin bewundert hat.
Elizabeth Gaskell in einem Brief an George Smith, geschrieben am 31. Mai 1855, zwei Monate nach Charlotte Brontës Tod

Elizabeth Gaskell

Als 1847 *Jane Eyre* erschien und es viel Aufregung und Spekulationen über die Identität des Verfassers Currer Bell gab, gehörte die damals am Beginn ihrer Schriftstellerkarriere stehende Elizabeth Gaskell zu den vielen Leserinnen und Lesern, die von dem Buch fasziniert waren. 1850 erreichte sie das Gerücht, hinter dem Pseudonym verberge sich eine Pfarrerstochter aus einem abgelegenen Dorf in Yorkshire. In einem Brief schreibt sie, sie wolle gern »viel mehr über sie erfahren, denn das, was sie geschrieben hat, interessiert mich wirklich sehr. Ich meine nicht nur den Inhalt und die Erzählweise, so wunderbar sie sein mögen, sondern auch die Einblicke, die man in *sie selbst* gewinnt, ihre Denkungsart und das, was sie – unbewusst – erleidet. Ich frage mich, ob sie *jetzt* leidet.«

Im August des Jahres lernten die beiden Romanautorinnen einander in der Sommerresidenz von Sir James und Lady Kay-Shuttleworth in Windermere kennen. Sie blieben Freundinnen bis zu Charlottes Tod, doch nicht nur deshalb war diese Begegnung von großer Tragweite: Sie legte den Grundstein für eine überaus populäre Bio-

Elizabeth Gaskell, porträtiert von Samuel Lawrence. Gaskell war bereits eine bekannte Romanautorin, als 1857 ihre Biografie über Charlotte Brontë erschien.

grafie. Unmittelbar nach dem Treffen verbreitete sich Gaskell in ihrem Freundeskreis über ihre neue Bekanntschaft und würzte ihre Schilderungen mit Informationen, die sie teils von Charlotte selbst, vor allem aber von ihrer geschwätzigen Gastgeberin Lady Kay-Shuttleworth erfahren hatte.

Sofort nach Charlottes Tod erschienen in den Zeitungen Nachrufe. Da diese in Patrick Brontës Augen das Bild von der Verstorbenen verfälschten, folgte er einem Vorschlag Ellen Nusseys und wandte sich an Elizabeth Gaskell mit der Bitte, einen Bericht über das Leben seiner Tochter zu schreiben. Angesichts des großen öffentlichen Interesses an Charlottes Leben war ihm klar, dass ohnehin bald eine Biografie erscheinen würde, und er hoffte, eine autorisierte, von einer mitfühlenden Freundin verfasste Darstellung würde den merkwürdigen Geschichten, die über seine Familie kursierten, ein Ende machen. Arthur Bell Nicholls war von der Idee nicht angetan, versprach aber seine Unterstützung, und so ging Gaskell bald mit Begeisterung ans Werk. Sie trat mit vielen Menschen in Verbindung, die Charlotte persönlich gekannt hatten, und konnte Ellen Nussey nach einem Jahr verkünden, sie sei »überall gewesen, wo sie je gelebt hat, abgesehen natürlich von den beiden Privathäusern, in denen sie kurz als Gouvernante tätig war«.

Das Leben der Charlotte Brontë erschien in zwei Bänden im März 1857, gerade einmal zwei Jahre nach Charlottes Tod. Gaskell wollte darin auch den Vorwürfen entgegentreten, die Brontë-Romane seien »derb« und brutal. Ihre Entscheidung, Charlotte als Leidende zu präsentieren, führte allerdings dazu, dass andere Personen wie z. B. deren Vater und Bruder in ein ungünstigeres Licht gerückt wurden. Um die Eigenheiten in Charlottes Erziehung zu unterstreichen, charakterisierte Gaskell Patrick Brontë als »unberechenbaren, exzentrischen, wilden Vater«, greift übertriebene Berichte über seine Verschrobenheiten auf und lässt unberücksichtigt, dass er in der langen

Zeit seines Wirkens in Haworth viel Gutes tat. Während sie Branwells Leidenschaft für Lydia Robinson bis ins Detail ausbreitet, erwähnt sie Charlottes Liebe zu ihrem verheirateten Lehrer in Belgien mit keinem Wort; ihre Freundin sollte nach viktorianischen Maßstäben als mustergültig erscheinen. So stellt sie die Brontë-Schwestern als Frauen dar, die allein mit einem halbverrückten Vater, einem verkommenen Bruder und ein paar ruppigen Nachbarn in einem gottverlassenen Nest leben. Sie suggeriert damit, dass die Brontës gar nicht anders konnten, als in ihren Romanen wilde, exzentrische Charaktere zu schildern.

Nachdem Elizabeth Gaskell die letzten Seiten der Biografie an den Verleger George Smith geschickt hatte, brach sie zu einer mehrwöchigen Romreise auf. Anfangs wurde das Buch positiv aufgenommen, doch dann musste die Verfasserin feststellen, dass ihr Gespür für eine gute Geschichte ihr in diesem Fall Schwierigkeiten einbrachte. Lady Scott – ehedem Mrs Robinson, die Frau von Branwells Arbeitgeber in Thorp Green Hall – ärgerte sich, dass Gaskell sie als »dreiste, verhärtete« Frau porträtiert hatte, die Branwell verführt und die Affäre nicht nur unbehelligt »überlebt, sondern sich noch dazu als eine höchst muntere, wohlgekleidete und blühende Witwe in den geselligen Zirkeln

In Briery Close, dem Wohnsitz der Kay-Shuttleworths am Lake Windermere, lernten Charlotte Brontë und Elizabeth Gaskell sich 1850 kennen. Das Haus existierte heute nicht mehr.

Londons herumgetrieben« habe. Bei ihrer Heimkehr musste Gaskell erfahren, dass der Verkauf ihrer Biografie gestoppt worden war, da Lady Scott mit einer Klage gedroht hatte. In Gaskells Namen waren in der *Times* und im *Athenaeum* Entschuldigungen erschienen, und alle nicht verkauften Exemplare waren vom Markt genommen worden. »Ich habe mich *so sehr bemüht, die Wahrheit zu sagen*«, schreibt sie an Ellen Nussey, »u. glaube *jetzt*, dass ich der Wahrheit so nahe gekommen bin, wie es nur *irgend möglich* war. Ich habe jede Zeile mit ganzer Kraft u. ganzem Herzen erwogen, damit jede dazu beiträgt, *sie* als eine Frau, die ein so schreckliches Leben mit einem tapferen u. ehrlichen Herzen durchgestanden hat, bekanntzumachen und zu würdigen.«

Eine »bereinigte« Fassung der Biografie musste her. Sie erschien schließlich als dritte, »revidierte und korrigierte« Auflage. Während Gaskell sich ans Umschreiben machte, hagelte es von allen Seiten Proteste. Freunde von William Carus Wilson, dem Gründer der Schule in Cowan Bridge, drohten wegen der Behauptung, die Schule habe Charlotte als Vorbild für Lowood in *Jane Eyre* gedient, mit einer Klage. In den Zeitungen tobte bald ein heftiger Kampf, und auch Arthur Bell Nicholls mischte sich in die Debatte ein und verteidigte seine Frau. In einem Brief an Ellen Nussey schreibt Mary Taylor: »Du musst Dir klarmachen, dass viele seltsame Vorstellungen über Charlotte verschwinden werden, sobald die wirklichen Tatsachen ihres Lebens bekannt sind. (…) Dass es nun eine gekürzte Ausgabe geben soll, bedauere ich. Mag sein, dass die erste Auflage beleidigend war, doch sie entsprach ganz und gar der Wahrheit.«

Allen Kontroversen um die Biografie zum Trotz führte ein wenig Wissen über das Leben der Brontës letztendlich zu einer veränderten Haltung gegenüber ihrem Werk. Dass Elizabeth Gaskell in dieser Hinsicht ihr Ziel erreicht hatte, verdeutlicht die Reaktion des Schriftstellers Charles Kingsley. Charlottes Roman *Shirley* habe ihn abgestoßen, bekennt er, nach der Lektüre der Biografie müsse er jedoch Gaskell loben: »Sie haben uns das Bild einer heldenhaften Frau vor Augen geführt, die durch Leiden vollkommen wurde« und fügt hinzu, nun werde er »liebevoll und genau jede Zeile lesen, die Charlotte Brontë geschrieben hat«. Auch Patrick Brontës Urteil wird Gaskell getröstet haben: »Nach meiner Meinung über die ›Erinnerungen‹ und der der Leser ist es in jeder Hinsicht wertvoll, was eine Große Frau über eine Andere geschrieben hat; bis ans Ende der Zeiten soll und wird diese unter den Biografien den ersten Rang einnehmen.« Zwar erkannte er an, dass Gaskell vor allem Romanautorin war, kam aber dennoch zu der Einschätzung, sie habe »nicht nur ein Bild von meiner geliebten Tochter Charlotte, sondern auch von meiner geliebten Ehefrau und allen meinen geliebten Kinder gezeichnet. (…) Das meines begabten, unglücklichen Sohnes ist ein Meisterwerk.«

J. H. Thompson, ein Freund Branwells, der Charlotte Brontë persönlich gekannt hatte, malte dieses Porträt nach ihrem Tod.

Andere Brontë-Biografen

Viele, die die Brontës persönlich gekannt hatten, waren mit Gaskells Biografie also offenbar einverstanden, nicht aber Branwells Freunde, die selbst zur Feder griffen, um sein Bild zurechtzurücken. Mit *Pictures of the Past* (1879) lieferte Francis Grundy seine Version der Ereignisse – wobei er allerdings seine Rolle im Leben des Freundes überbetonte. Etwa zur selben Zeit stellte Francis Leyland, der Bruder von Branwells Bildhauerfreund Joseph Bentley Leyland, fest, Branwells Leben sei bisher nur von jenen beschrieben worden, »die ein anderes Ziel vor Augen hatten«, und setzte 1886 mit *The Brontë Family with Special Reference to Patrick Branwell Brontë* Gaskells Porträt der Brontës seines entgegen.

In vielen Brontë-Biografien stehen Branwells Trunksucht und sein Scheitern im Vordergrund. Erst ab den 1960er Jahren setzte sich eine wohlwollendere Sicht auf sein Leben durch. 1960 erschien Daphne Du Mauriers *Die dämonische Welt des Branwell Brontë*, auch dies eine von einer Romanautorin verfasste Biografie. Im Jahr darauf kam Winifred Gerins *Branwell Brontë* heraus. Statt zu schildern, wie Branwell

Foto von Branwells nicht erhaltenem Porträt der Geschwister. Es zeigt (von links) Anne, Charlotte, Branwell und Emily. Arthur Bell Nicholls zerstörte das Gemälde; nur das Bildnis von Emily blieb erhalten. weiteres Elend in das ohnehin schon elende Leben seiner Schwestern brachte, arbeiten diese beiden Biografien seinen Einfallsreichtum bei den Kindheitsaktivitäten der Geschwister heraus und widmen sich ausführlicher auch seinem eigenen Werk. Gerin gehörte zu den wenigen, die hinsichtlich der Affäre mit Lydia Robinson Branwells Darstellung Glauben schenkten. Jüngste Forschungsergebnisse legen zwar nahe, dass sie damit richtig lag, doch ihr vielgepriesenes Werk verlor an Glaubwürdigkeit, als bekannt wurde, dass sie, um ihre Theorie zu stützen, Belegstellen manipuliert hatte.

Erst 1959 erschien die erste Biografie über Anne. Verfasserin war wiederum Winifred Gerin, die bald den gesamten Markt der Brontë-Literatur beherrschte. Ihr Mann John Lock wiederum ist einer der Autoren des Buches *A Man of Sorrow* (1965), das sich Patrick Brontës positivem Einfluss auf das Leben seiner Kinder und auf seine Gemeinde widmet.

Lange stand Charlotte im Mittelpunkt des Interesses, doch Ende des 19. Jahrhunderts wandte sich die Brontë-Forschung Emily zu, die inzwischen als das größte Genie der Familie galt. Die erste Biografie über sie, von Mary Robinson, erschien 1883. Emily hatte, anders als Charlotte, keine Freundschaften gepflegt und nur wenige Briefe geschrieben. Abgesehen von ihrem einzigen Roman, *Sturmhöhe*, sind lediglich eine Handvoll Gedichte und einige Tagebuchblätter erhalten. Dieser Mangel an Quellenmaterial hat Biografen allerdings eher dazu beflügelt, mit viel dichterischer Freiheit die Lücken zu füllen und ihr Werk autobiografisch zu deuten, zumal Emilys eigenbrötlerischer Charakter breiten Raum für Spekulationen bot.

Die Tendenz zur Ausschmückung bis hin zur Erfindung von Vorfällen kennzeichnet so viele Brontë-Biografien, dass für diesen Typ von Lebensgeschichte in Anspielung auf die Rolle, die die auf den Hochmooren von Yorkshire wachsende Heide darin spielt, der Begriff »Purple Heather School« geprägt wurde. Dazu gehört u. a. Virginia Moores *The Life and Eager Death of Emily Brontë* von 1936:

> Charlotte war ausgegangen und suchte auf den inzwischen fast schwarzen Hügeln nach einem Zweiglein der geliebten Heide. Sie fand nur ein einziges Pflänzchen, gewiss in einem windgeschützten Spalt. Die Blüten waren noch nicht allzu verdorrt, und so nahm sie es für Emily mit nach Hause. Doch Emily hatte sich schon ganz in sich zurückgezogen; sie war weit, weit entfernt. Sie erkannte ihre Lieblingsblume nicht.

Gerade dieses Buch sollte zur Vorsicht mahnen: Welche Verdienste Moores Werk auch haben mag, in Erinnerung geblieben ist es vor allem dadurch, dass die Autorin den Titel eines Gedichts von Emily, »Love's Farewell«, im Manuskript falsch entziffert hat. Sie las daraus »Louis Parensell« und gelangte zu dem Schluss, so müsse Emilys heimlicher Geliebter geheißen haben.

Die Brontë-Biografen der jüngsten Zeit verzichten auf solche romantischen Mythen und versuchen, ein objektiveres Bild zu zeichnen. Juliet Barker schreibt in ihrem Buch *The Brontës* über diesen neuen Ansatz:

> Anders als ihre Zeitgenossen können wir ihr Werk schätzen, ohne uns über die direkte Sprache oder Gewalttätigkeit der Figuren zu empören oder auch nur überrascht zu sein. Es ist an der Zeit, das Leben der Brontës noch einmal neu zu betrachten und sie so wahrzunehmen, wie sie wirklich waren. Wenn das gelungen ist, werden ihre Leistungen in umso hellerem Licht erstrahlen.

Von Haworth nach Hollywood

Nach und nach haben wir durch verschiedene Forschungsarbeiten mehr und mehr über die Brontës erfahren, auf der anderen Seite haben sich ihre Habseligkeiten mehr und mehr verstreut. (…) Wenn nicht bald systematische Anstrengungen unternommen werden, sie wieder zusammenzubringen, wird sich der Aufbau eines Museums, fürchte ich, als undurchführbar erweisen. (…) Die Voraussetzung dafür ist die Gründung einer Brontë Society.
W. W. Yates im *Dewsbury Reporter* vom November 1893

*N*ach Patrick Brontës Tod 1861 waren die Gegenstände im Pfarrhaus verkauft worden. Bald suchten immer mehr Sammler die damaligen Käufer auf und überredeten sie, sich von ihren Schätzen zu trennen. Dies wiederum rief die Brontë-Fans auf den Plan, die meinten, die Habe der Familie müsse gesammelt werden, bevor die Gelegenheit dazu für immer vertan war.

Als 1889 der Urheberrechtsschutz für die Romane der Brontës auslief, wurden sogleich billige Ausgaben auf den Markt gebracht, mit der Folge, dass das Interesse am Leben und Werk der Schwestern wuchs. Im Herbst 1893 kam die Idee auf, eine Gesellschaft zu gründen, die die Beschäftigung mit dem Werk der Brontës fördern und die persönliche Habe der Familie sammeln und bewahren sollte. Noch im selben Jahr rief eine kleine Gruppe von Brontë-Anhängern die Brontë Society ins Leben. Viele literarische Gesellschaften, die in jener Zeit gegründet wurden, hatten keinen Bestand, doch das Engagement und die Begeisterung der Gründungsmitglieder der Brontë Society hielten diese zusammen, und so war sie bald überregional bekannt.

Das erste Brontë-Museum

Die Gesellschaft wurde zu einer Zeit gegründet, als »Brontëana« längst begehrte
Sammlerobjekte waren; viele bedeutende
Manuskripte wechselten mehrfach den Besitzer und gelangten gar bis nach Amerika.
Doch nicht weit von Haworth gab es noch
immer eine große Sammlung, die Martha
Brown, einer Bediensteten der Brontës, gehört hatte. Sie bestand aus Zeichnungen
und Gemälden, Widmungsexemplaren der
Romane und vielen Gegenständen aus dem
persönlichen Besitz der Schwestern und war bis zu
Marthas Tod 1880 praktisch unangetastet geblieben
und dann an ihre fünf Schwestern übergegangen.

*Die Brontë Society richtete
ihr erstes Museum über der
Yorkshire Penny Bank ein.
Heute beherbergt das Ge-
bäude am oberen Ende der
Main Street in Haworth
die Touristeninformation.*

Ein Teil dieser Sammlung wurde 1886, als nach
Benjamin Binns' Tod dessen Habe versteigert wurde, verkauft. Es handelte sich um 44 Lose für Stücke aus dem Besitz der Brontës, die Martha Brown ihrer älteren
Schwester Ann Binns, der Frau des Verstorbenen, vererbt hatte. Doch
Marthas Cousins Francis und Robinson Brown kauften vieles zurück
und eröffneten 1889 über ihrem Erfrischungsraum in der Main Street
von Haworth das erste Museum mit Brontëana. Das Unternehmen
hatte keinen Erfolg; die Brüder gingen nach Blackpool und nahmen
die Sammlung mit. Der Versuch, einige
der Gegenstände auf der Weltausstellung
in Chicago zu präsentieren und anschlie-
ßend an reiche Amerikaner zu verkaufen,
schlug ebenfalls fehl. Die neu gegründete
Brontë Society hoffte, die Sammlung erwerben zu können, doch der Preis von
fünfhundert Pfund lag weit über dem, was sie auf-
bringen konnte. Auch die Idee, die Gegenstände bei
Sotheby's zu versteigern, war nicht von Erfolg ge-

*Das erste Museum
der Brontë Society
über der Yorkshire Penny
Bank in Haworth.*

*Die Postkarte zeigt das Ess-
zimmer des Pfarrhauses in
den 1920er Jahren, bevor es
zum Museum wurde. Es
gibt viele Berichte über ent-
täuschte Besucher, die von
weither angereist waren, nur
um zu erfahren, dass »die
Pfarrei ein Privathaus und
nicht zu besichtigen« sei.*

krönt: Für viele der 177 Lose fand sich kein Bieter. Vertreter der Brontë Society, die an der Auktion teilnahmen, konnten für zwölf Pfund Emilys Aquarell von Annes Hund Flossy mitnehmen, und für viele andere bedeutende Zeichnungen und Gemälde musste die Gesellschaft nur ein paar Schillinge zahlen. Viele Jahre später kaufte sie Francis Browns Tochter die restlichen Stücke der Sammlung ab.

Diese erste größere Erwerbung der Gesellschaft wurde durch Leihgaben ergänzt, und schließlich hatte die Brontë Society genügend Material für ein kleines Museum beisammen. Am 18. Mai 1895 war es so weit: In einem kleinen Ausstellungsraum über der Yorkshire Penny Bank wurde das Brontë-Museum offiziell eröffnet – ein großes Ereignis für Haworth, zu dem Interessierte aus allen Teilen Englands anreisten.

In den darauffolgenden Sommermonaten kamen fast zehntausend Besucher, darunter Charlottes Freundin Ellen Nussey, und noch mehr strömten herbei, nachdem Charlottes Verlag Smith, Elder & Co. die Manuskripte von *Jane Eyre* und *Villette* als Leihgaben zur Verfügung gestellt hatte.

Ab 1895 gab die Gesellschaft eigene Veröffentlichungen heraus und unterstützte so die Forschung zu Leben und Werk der Brontës. Auch Veranstaltungen wie z. B. Ausflüge zu Orten mit Bezug zu den Brontës waren außerordentlich beliebt und sind es bis heute geblieben.

Im November 1897 starb Ellen Nussey im Alter von achtzig Jahren. Obwohl sie sich nie in der Brontë Society engagiert hatte, empfanden die Mitglieder ihr Ableben als schmerzlichen Verlust, gehörte sie doch zu den wenigen, die die Brontës noch persönlich gut gekannt hatten.

Mit dem Anwachsen der Sammlung stellte sich die drängende Frage, was im Falle einer Auflösung der Brontë Society mit den

Brontëana geschehen würde. Um den rechtlichen Status der Sammlung zu festigen, wurde die Gesellschaft daher 1902 in eine juristische Person, d. h. eine Firma ohne Aufteilung des Kapitals auf deren einzelne Mitglieder, umgewandelt.

Wachsendes Interesse

Mit dem Tod von Charlotte Brontës Witwer Arthur Bell Nicholls 1906 ging eine weitere persönliche Verbindung zu den schreibenden Schwestern verloren; Nicholls hatte seine Frau um 51 Jahre überlebt. Die Brontëana, von denen er sich zu Lebzeiten nicht hatte trennen wollen, kamen 1907 zu Sotheby's. Die Brontë Society wandte sich mit einem Spendenappell an ihre Mitglieder und konnte von dem eingehenden Geld eine Reihe von Gegenständen erwerben. Weitere kamen hinzu, als nach dem Tod von Nicholls' zweiter Frau Mary die übrigen Stücke seiner Sammlung verkauft wurden.

1913 erschienen in der *Times* vier Briefe, die Charlotte Brontë an ihren Lehrer in Belgien, Monsieur Heger, geschrieben hatte. Da sich die Brontë-Forschung schon seit langem für Charlottes Beziehung zu Heger interessiert hatte, rief die Veröffentlichung große Aufregung hervor.

In den Jahren nach Ende des Ersten Weltkriegs waren in England Literaturverfilmungen mit eindrucksvollen Landschaftsaufnahmen beliebt. Zu ihnen gehört auch der Stummfilm *Wuthering Heights*, der in der Gegend um Haworth gedreht wurde. Die Old Hall fungierte als Sturmhöhe und Kildwick Hall in Keighley als Thrushcross Grange. Man legte großen Wert auf Authentizität, und Jonas Bradley von der Brontë Society gab viele Hinweise auf mögliche Schauplätze für die Dreharbeiten. Die mediale Popularisierung steigerte das Interesse an den Brontës weiter. Um die Neugier des Publikums zu befriedigen, kamen in den 1920er Jahren Ansichtspostkarten von den Innenräumen des damals noch privat genutzten Pfarrhauses auf den Markt.

Verkauf des Pfarrhauses

Seit ihrer Gründung hoffte die Brontë Society, eines Tages das Pfarrhaus in Haworth erwerben zu können. In den Jahren nach Patrick
Brontës Tod hatten seine Nachfolger, die mit ihren Familien dort
lebten, einiges zu erleiden: Obwohl das Gebäude durch hohe Mau-
ern und ein Gartentor geschützt war, drangen immer wieder hartnä-
ckige Brontë-Anhänger aufs Grundstück vor und fanden den Weg
ins Haus. 1927 war die Sammlung der Brontë Society so groß geworden, dass ein einziger Museumsraum nicht mehr genügte, um
sie angemessen zu präsentieren. Ausgerechnet zu diesem Zeitpunkt,
als das Guthaben der Gesellschaft nicht einmal fünfzig Pfund be-
trug, verkündete die zuständige kirchliche Kom-
mission, das Pfarrhaus stehe für dreitausend Pfund
zum Verkauf.

*Sir James Roberts, der sich
noch an die Familie Brontë
erinnern konnte, erwarb
das Pfarrhaus 1928, und am
4. August jenes Jahres
strömten Tausende zur
Eröffnung des Brontë
Parsonage Museum herbei.*

Der Käufer, Sir James Roberts, stammte aus dem
Ort und hatte in der Textilindustrie ein Vermögen
gemacht. Er übertrug nicht nur seinen neu er-
worbenen Besitz auf die Brontë Society, sondern

beteiligte sich auch mit weiteren 1500 Pfund an den Kosten für den Umbau des Pfarrhauses zu einem Museum mit angeschlossener Bibliothek. Am 4. August 1928 kamen Tausende Menschen zur offiziellen Eröffnung des Brontë Parsonage Museum nach Haworth.

Der Umzug des Museums ins Pfarrhaus veranlasste viele Sammler, ihre Brontëana an den Herkunftsort zurückkehren zu lassen. Henry Houston Bonnell z. B. vermachte dem Museum seine großartige Sammlung von Manuskripten, Zeichnungen und Büchern, die von Amerika verschifft werden musste.

Das Esszimmer des Pfarrhauses in den 1930er Jahren mit der Sammlung Bonnell.

Die Brontë Society machte sich nun eifrig daran, das Pfarrhaus wieder so herzurichten, wie es zu Zeiten der Brontës ausgesehen hatte. Der erste größere Umbau erfolgte 1933: Um mehr Ausstellungsfläche zu gewinnen, wurde ein Bad entfernt, das John Wade Ende des 19. Jahrhunderts hatte einbauen lassen. Wie jede Veränderung an dem weithin bekannten Gebäude wurde auch diese misstrauisch beäugt. In den *Keighley News* war z. B. zu lesen: »Die Leute besuchen das Pfarrhaus

Als die Ideal Film Company 1920 nach Haworth kam, um Sturmhöhe *zu verfilmen, drängte sich in der Main Street eine Menschenmenge, um einen Blick auf die Hauptdarsteller Milton Rosmer und Anne Trevor zu erhaschen.*

von Haworth nicht, um Geschirrschränke anzustarren, sie wollen Erinnerungsstücke an die Familie Brontë sehen. Seit den Tagen von Patrick Brontë hat sich jeder Pfarrer in Haworth gerühmt, das Bad in dem Zustand belassen zu haben, in dem Charlotte es benutzt hat.« Allerdings gab es zu Zeiten der Brontës im Pfarrhaus nicht einmal Wasseranschlüsse, lediglich eine tragbare Dusche, die Charlotte angeschafft hatte und die wohl in der Küche benutzt wurde.

Die Brontës in Hollywood

Nicht lange vor Ausbruch des Zweiten Weltkriegs griff Hollywood die immense Popularität der Brontës auf: Metro-Goldwyn-Mayer produzierte *Stürmische Höhen*, eine mit Laurence Olivier als Heathcliff hochkarätig besetzte, wild-romantische Verfilmung von Emilys Roman.

Die Main Street in Haworth, ein beliebtes Fotomotiv.

Das Museum in Haworth blieb während des Krieges geöffnet, und trotz der Benzinrationierung kamen weiter Brontë-Enthusiasten nach Haworth. Ab Anfang der 1940er Jahre nahm der Besucherstrom sogar dramatisch zu, nicht zuletzt dank einer Reihe erfolgreicher Filme. 1944 kam die *Jane-Eyre*-Verfilmung mit Orson Welles und Joan Fontaine heraus und fand großen Anklang. Die Besucherzahlen im Pfarrhaus verdoppelten sich auf 20 986, und 1947 wurden bereits 53 649 gezählt. Im Jahr zuvor war *Devotion* in die Kinos gekommen, der das Leben der Brontës nicht nur schönt, sondern ganz offensichtlich auch verfälscht.

Bereits 1944 wurde für die Schwestern Brontë in der »Dichterecke« von Westminster Abbey eine Gedenktafel angebracht. Offiziell enthüllt wurde sie jedoch erst 1947, als der Krieg vorbei war. Die schlichte Tafel, die neben den imposanten Denkmälern für Robert Burns und William Shakespeare sehr bescheiden wirkt, trägt eine Gedichtzeile von Emily: »Mit Mut zu leiden und dulden!«

Das Zuhause der Brontës

In den 1950er Jahren wurde für die stetig wachsende Museumssammlung zusätzliche Lager- und Ausstellungsfläche benötigt, und die Steinstufen zum Vordereingang des Pfarrhauses – dem einzigen Ein- und Ausgang des Museums, an dem sich oft die Besucher drängten – waren so abgetreten, dass sie erneuert werden mussten. Trotz der Rationierungen und finanziellen Einschränkungen der Nachkriegsjahre nahm man einen von der Vorderseite des Pfarrhauses nicht sichtbaren Anbau am alten Pfarrhaus in Angriff, der 1960 abgeschlossen war.

In der Kirche von Haworth markiert seit 1882 eine Messingtafel die Lage der Brontë-Gruft. Sie wurde von Sydney Biddell, einem Bewunderer der Brontë-Schwestern, gestiftet.

Seither kann die Forschungsbibliothek im Wade-Flügel, die zuvor nur während der Museumsöffnungszeiten für Besucher zugänglich war, von Wissenschaftlern wirklich genutzt werden. Der große Raum darüber, in dem der Kustos des Museums, Harold Mitchell, mit seiner Familie sehr beengt gewohnt hatte, stand nun für die Ausstellung zur Verfügung. Für den Kustos wurde hinter dem Pfarrhaus eine neue Wohnung errichtet, die durch eine Glasloggia mit dem Haus verbunden war. Der neue Anbau lieferte zwar den dringend benötigten Platz, stieß aber nicht überall auf Wohlgefallen: In einem Leserbrief an die *Times* wurde die Brontë Society eines »erbärmlichen Vandalismus« bezichtigt.

Mittlerweile hatte man auch mit den Restaurierungsarbeiten im alten Pfarrhaus begonnen: In Patrick Brontës Arbeitszimmer wurde ein Kamin eingesetzt, und durch die Einrichtung des Bonnell-Raums in der ehemaligen Kustodenwohnung ergab sich nun die Möglichkeit, das Esszimmer wieder mit Originalmöbeln auszustatten. Damit es gemütlicher wirkte, baute man auch hier einen Kamin ein, beließ es aber bei modernen Tapeten. Damals bekam auch die alte Küche einen modernen Herd. Außerdem wurden die großen Glasscheiben, die Mr Wade in den 1870er Jahren hatte einbauen lassen, durch

Das in Patrick Brontës Schlafzimmer aufgestellte Bett wurde nach einer Zeichnung Branwells gezimmert (siehe Seite 36).

kleine georgianische Sprossenfenster ersetzt, damit die Fassade des Pfarrhauses wieder so aussah wie zu Zeiten der Brontës. Als in den 1960er Jahren die Restaurierung der Sonntagsschule anstand, an der Charlotte, Branwell und Anne unterrichtet hatten, befand sich die Brontë Society dann in einer so stabilen finanziellen Situation, dass sie sich daran beteiligen konnte. Nach den dramatischen Veränderungen am Pfarrhaus kehrte im Museumsalltag dann für die nächsten zwanzig Jahre Ruhe ein.

1973 strahlte Yorkshire Television die Fernsehserie *The Brontës of Haworth* von Christopher Fry aus, die die Brontë-Begeisterung weiter anfachte: Fast eine Viertelmillion Menschen fanden nun Jahr für Jahr den Weg ins Pfarrhaus. Außer der Einrichtung einer neuen Stahlkammer zur sicheren Verwahrung der Sammlung wurden damals keine größeren Baumaßnahmen am Haus vorgenommen. Zu markanten Umbauten kam es erst wieder in den 1980er Jahren: Um eine große Ausstellungsfläche zu schaffen, wurde 1982 die obere Etage des Flügels, den John Wade hatte anbauen lassen, mit dem Pfarrhaus verbunden. 1987 wurde das Museum sogar zeitweilig geschlossen, um die spätviktorianischen Zierleisten unter der Decke durch tiefer sitzende zu ersetzen und im Originaltrakt des Gebäudes Tapeten nach dem Geschmack der Brontë-Zeit an die Wände zu bringen, darunter eine, die nach einem in Charlottes Schreibtisch gefundenen Muster angefertigt wurde. Auch die Möbel wurden neu arrangiert, nachdem man sich anhand zeitgenössischer Berichte und Zeitungsartikel ein ungefähres Bild vom ursprünglichen Zustand verschafft hatte. Gegenstände ohne Bezug zu den Brontës wurden entfernt, andererseits ließ man nach einer Zeichnung von Branwell ein Bett für Patrick Brontës Schlafzimmer anfertigen. Dieser Raum wurde dann mit Haushaltswäsche und weiteren Möbeln der Familie ausgestattet.

Seit 1987 haben moderne Konservierungstechniken im Museum Einzug gehalten, darunter schonende Beleuchtung, Temperatur- und Feuchtigkeitskontrolle sowie Fensterscheiben mit UV-Filter und Jalousien. Außerdem werden die ausgestellten Gegenstände regelmäßig ausgetauscht, damit sie nicht zu lange dem Licht ausgesetzt sind.

Das Brontë Parsonage Museum beherbergt heute die weltweit größte Sammlung von Brontëana und wird als Wallfahrtsort für Literaturinteressierte in Großbritannien nur vom Shakespeare-Haus in Stratford-upon-Avon ausgestochen. Eine sorgfältige Balance zwischen den konservatorischen Ansprüchen und der Zugänglichkeit für Besucher ist bei einer solchen international bedeutsamen Sammlung unumgänglich und wird auch in Zukunft Aufgabe der Brontë Society bleiben, die sich seit ihrer Gründung durch eine kleine Gruppe von Enthusiasten aus Yorkshire im Jahre 1893 zu einer internationalen literarischen Gesellschaft entwickelt hat. Bis heute fühlt sie sich dem Gründungszweck verpflichtet: Sie will Material mit Bezug zu Leben und Werk der Brontës sammeln, bewahren, veröffentlichen, ausstellen und einem größeren Publikum zugänglich machen.

Anhang

Zeittafel

Datum	Ereignis
17. März 1777	Patrick Brontë wird in Emdale (Grafschaft Down, Irland) geboren.
15. April 1783	Maria Branwell wird in Penzance (Cornwall) geboren.
1802	Patrick Brontë tritt ins St. John's College in Cambridge ein.
1806	Patrick Brontë wird als Geistlicher der Kirche von England ordiniert.
1806–1809	Patrick Brontë ist Hilfsgeistlicher in Wethersfield (Essex).
Januar–Dezember 1809	Patrick Brontë ist Hilfsgeistlicher in Wellington (Shropshire).
Dezember 1809–1811	Patrick Brontë ist Hilfsgeistlicher in Dewsbury (Yorkshire).
1811–1815	Patrick Brontë ist als Pfarrer in Hartshead-cum-Clifton (Yorkshire) tätig.
1812	Maria Branwell besucht ihren Onkel John Fennell, Rektor des Internats Woodhouse
29. Dezember 1812	Patrick Brontë und Maria Branwell heiraten in der Kirche von Guiseley bei Leeds.
1814	Maria Brontë wird in Hartshead geboren und dort am 23. April getauft.

Datum	Ereignis
8. Februar 1815	Elizabeth Brontë wird in Hartshead geboren und am 26. August in Thornton bei Bradford getauft.
1815	Patrick Brontë übernimmt die Pfarrstelle in Thornton bei Bradford (West Yorkshire).
21. April 1816	Charlotte wird in Thornton geboren und dort am 29. Juni getauft.
26. Juni 1817	Patrick Branwell Brontë wird in Thornton geboren und dort am 23. Juli getauft.
30. Juli 1818	Emily Jane Brontë wird in Thornton geboren und dort am 20. August getauft.
17. Januar 1820	Anne Brontë wird in Thornton geboren und dort am 25. März getauft.
Februar 1820	Patrick Brontë übernimmt die Pfarrstelle in Haworth bei Bradford (West Yorkshire).
April 1820	Die Familie Brontë zieht ins Pfarrhaus von Haworth.
15. September 1821	Maria Brontë sen. stirbt und wird in der Kirche von Haworth beigesetzt; ihre Schwester Elizabeth Branwell gibt ihr Heim in Penzance auf und kümmert sich fortan um die Familie.
Juli 1824	Maria und Elizabeth werden auf die Schule für Pastorentöchter in Cowan Bridge, Kirkby Lonsdale, geschickt. Im August stößt Charlotte dazu, im November Emily.
6. Mai 1825	Maria stirbt in Haworth, nachdem sie Cowan Bridge am 14. Februar schwerkrank verlassen hat.
1. Juni 1825	Charlotte und Emily werden von der Schule genommen.

Datum	Ereignis
15. Juni 1825	Elizabeth stirbt in Haworth, nachdem sie am 31. Mai die Schule verlassen hat.
1825	Tabitha Aykroyd zieht als Bedienstete ins Pfarrhaus von Haworth.
Januar 1831	Charlotte tritt in Miss Woolers Schule in Roe Head, Mirfield bei Dewsbury, ein, wo sie Ellen Nussey und Mary Taylor kennenlernt.
Juni 1832	Charlotte verlässt Roe Head, um ihre Schwestern zu Hause zu unterrichten.
Juli 1835	Charlotte kehrt als Lehrerin nach Roe Head zurück und nimmt Emily als Schülerin mit; Emily bleibt nur kurz dort. Ihre Stelle nimmt Anne ein, die bis Dezember 1837 dort bleibt.
Juni 1838	Branwell lässt sich als Porträtmaler in Bradford nieder und kehrt im Mai 1839 mit Schulden heim.
September 1838	Emily arbeitet für etwa sechs Monate als Lehrerin in Miss Patchetts Schule in Law Hill bei Halifax.
Dezember 1838	Charlotte scheidet als Lehrerin in Roe Head aus.
April–Dezember 1839	Anne arbeitet als Gouvernante für eine Mrs Ingham in Blake Hall, Mirfield.
Mai–Juli 1839	Charlotte arbeitet als Gouvernante für eine Mrs Sidgwick in Stonegappe, Lothersdale (North Yorkshire).
August 1839	William Weightman wird Hilfsgeistlicher in Haworth.
September 1839	Charlotte und Ellen Nussey machen Ferien auf der Easton Farm, Bridlington, an der Küste von Yorkshire.

Datum	Ereignis
Januar–Juni 1840	Branwell arbeitet als Hauslehrer für einen Mr Postlethwaite in Broughton-in-Furness (Lake District).
Mai 1840	Anne arbeitet als Gouvernante für die Familie Robinson in Thorp Green Hall, Little Ouseburn, in der Nähe von York.
Oktober 1840	Branwell nimmt seine Arbeit für die Leeds-Manchester-Eisenbahn in Sowerby Bridge, Halifax, auf.
März–Dezember 1841	Charlotte arbeitet als Gouvernante für eine Mrs White in Upperwood House, Rawdon bei Leeds.
April 1841	Branwell wird zum Stationsvorsteher in Luddenden Foot bei Halifax befördert.
Februar 1842	Charlotte und Emily reisen nach Brüssel und treten dort ins Pensionat Heger ein.
April 1842	Branwell wird wegen nachlässiger Buchführung in Luddenden Foot entlassen.
6. September 1842	William Weightman stirbt 26-jährig und wird in der Kirche von Haworth beigesetzt.
29. Oktober 1842	Elizabeth Branwell (die Tante) stirbt im Alter von 66 Jahren und wird in der Kirche von Haworth beigesetzt; Charlotte und Emily werden daher aus Brüssel zurückgerufen.
Januar 1843	Charlotte kehrt nach Brüssel zurück, Emily bleibt im Pfarrhaus und führt den Haushalt. Branwell wird Hauslehrer von Edmund Robinson in Thorp Green, wo auch Anne arbeitet.
Januar 1844	Charlotte verlässt Brüssel und kehrt nach Hause zurück.

Datum	Ereignis
Mai 1845	Arthur Bell Nicholls wird Hilfsgeistlicher in Haworth.
Juni 1845	Anne gibt ihre Stelle in Thorp Green auf.
Juli 1845	Branwell wird in Thorp Green entlassen. Charlotte reist mit Ellen Nussey nach Hathersage (Derbyshire).
Mai 1846	Die *Poems by Currer, Ellis and Acton Bell* erscheinen auf Kosten der Autorinnen bei Aylott and Jones.
Juni 1846	Charlotte schließt *Der Professor* ab; der Roman wird von mehreren Verlagen abgelehnt.
Juli 1846	Emily vollendet *Sturmhöhe*, und Anne kann *Agnes Grey* abschließen.
August 1846	Charlotte begleitet ihren Vater zu einer Augenoperation nach Manchester und beginnt mit *Jane Eyre*.
19. Oktober 1847	*Jane Eyre* erscheint unter Charlottes Pseudonym Currer Bell bei Smith, Elder & Co.
Dezember 1847	*Sturmhöhe* und *Agnes Grey* erscheinen unter den Pseudonymen Ellis bzw. Acton Bell gleichzeitig bei Thomas Cautley Newby.
Juni 1848	*Die Herrin von Wildfell Hall*, Annes zweiter Roman, erscheint bei Thomas Cautley Newby.
Juli 1848	Charlotte und Anne reisen nach London zu Smith, Elder & Co., um ihre Identität aufzuklären; Newby hatte behauptet, hinter den drei Namen stehe nur ein Autor.
24. September 1848	Branwell stirbt 31-jährig und wird in der Kirche von Haworth beigesetzt.

Datum	Ereignis
19. Dezember 1848	Emily stirbt 30-jährig und wird in der Kirche von Haworth beigesetzt.
28. Mai 1849	Anne stirbt 29-jährig und wird auf dem Friedhof von St. Mary in Scarborough begraben.
Juni 1849	Charlotte reist nach Filey und zur Easton Farm, Bridlington, an der Küste von Yorkshire.
26. Oktober 1849	*Shirley* erscheint unter Charlottes Pseudonym Currer Bell bei Smith, Elder & Co.
Dezember 1849	Charlotte besucht George Smiths Familie in London und lernt W. M. Thackeray und Harriet Martineau kennen.
März 1850	Charlotte besucht Sir James Kay-Shuttleworth in Gawthorpe Hall bei Burnley.
Juni 1850	Charlotte hält sich bei der Familie Smith in London auf, diniert mit Thackeray und lässt sich von George Richmond porträtieren.
Juli 1850	Charlotte besucht mit George Smith Edinburgh.
August 1850	Charlotte hält sich bei den Kay-Shuttleworths in Briery Close, Windermere, auf und lernt dort Elizabeth Gaskell kennen.
Dezember 1850	Charlotte besucht Harriet Martineau auf Knoll, Ambleside.
Mai–Juni 1851	Charlotte reist nach London und besucht die Weltausstellung und Thackerays Vorlesungen.

Datum	Ereignis
Juni 1851	Charlotte besucht Elizabeth Gaskell in Plymouth Grove, Manchester.
Juni 1852	Charlotte reist allein nach Filey und besucht Annes Grab in Scarborough.
Dezember 1852	Arthur Bell Nicholls macht Charlotte einen Heiratsantrag, den sie ablehnt, weil der Vater gegen die Heirat ist.
Januar 1853	Charlotte reist zum letzten Mal nach London. *Villette* erscheint unter Charlottes Pseudonym Currer Bell bei Smith, Elder & Co.
April 1853	Charlotte hält sich bei Elizabeth Gaskell in Plymouth Grove, Manchester, auf.
Mai 1853	Arthur Bell Nicholls scheidet als Hilfsgeistlicher in Haworth aus. Im August zieht er nach Kirk Smeaton, Pontefract.
September 1853	Elizabeth Gaskell verbringt vier Tage im Pfarrhaus von Haworth.
Januar 1854	Arthur Bell Nicholls besucht Mr Grant, den Hilfsgeistlichen von Oxenhope in der Nähe von Haworth, und trifft sich mehrmals mit Charlotte.
April 1854	Patrick Brontë gibt seinen Widerstand gegen die Eheschließung auf, und Charlottes Verlobung mit Arthur Bell Nicholls wird bekanntgegeben.
Juni 1854	Arthur Bell Nicholls nimmt seine Tätigkeit als Hilfsgeistlicher in Haworth wieder auf.

Datum	Ereignis
29. Juni 1854	Charlotte und Arthur Bell Nicholls werden von Reverend Sutcliffe Sowden in der Kirche von Haworth getraut; Miss Wooler führt Charlotte zum Altar, Ellen Nussey ist Brautjungfer.
Juli 1854	Charlotte und Arthur Bell Nicholls gehen auf Hochzeitsreise nach Irland und besuchen Nicholls' Verwandte.
Januar 1855	Charlotte und ihr Mann besuchen die Kay-Shuttleworths in Gawthorpe Hall. Charlotte erkältet sich bei einem Spaziergang und erholt sich davon nie wieder vollständig.
17. Februar 1855	Tabitha Aykroyd stirbt 84-jährig und wird auf dem Friedhof von Haworth begraben.
31. März 1855	Charlotte stirbt 38-jährig, sie stand am Anfang einer Schwangerschaft.
März 1857	*Das Leben der Charlotte Brontë* von Elizabeth Gaskell erscheint bei Smith, Elder & Co.
Juni 1857	Charlottes erster Roman, *Der Professor*, erscheint bei Smith, Elder & Co.
7. Juni 1861	Patrick Brontë stirbt 84-jährig. Arthur Bell Nicholls verlässt Haworth und kehrt nach Irland zurück.
1879	Die Kirche von Haworth wird mit Ausnahme des Turms abgerissen, an ihrer Stelle wird eine neue errichtet.
19. Januar 1880	Martha Brown, Bedienstete der Brontës, stirbt im Alter von 52 Jahren.

Datum	Ereignis
16. Dezember 1893	Gründung der Brontë Society im Rathaus von Bradford.
18. Mai 1895	Eröffnung des Brontë-Museums über der Yorkshire Penny Bank in Haworth.
26. November 1897	Ellen Nussey stirbt im Alter von 80 Jahren.
2. Dezember 1906	Arthur Bell Nicholls stirbt im Alter von 88 Jahren in Banagher, Irland.
4. August 1928	Im Pfarrhaus von Haworth wird das Brontë Parsonage Museum eröffnet, nachdem Sir James Roberts das Haus gekauft und der Brontë Society geschenkt hat.

Auswahlbibliografie

Werke der Brontës

Alexander, Christine (Hg.): *An Edition of the Early Writings of Charlotte Brontë*, Oxford: Basil Blackwell 1987–1991 (liegt den Zitaten aus *Angria* zugrunde)

Brontë, Anne: *Agnes Grey*, übers. v. Sabine Kipp, © 1987 by Manesse Verlag, Zürich, in der Verlagsgruppe Random House GmbH, München

dies.: *Die Herrin von Wildfell Hall*, übers. v. Sabine Kipp, © 1990 by Manesse Verlag, Zürich, in der Verlagsgruppe Random House GmbH, München

Brontë, Charlotte, Branwell, Emily, Anne: *Angria und Gondal*, Frankfurt/M.: Fischer Taschenbuch Verlag 1989

dies.: *Tales of Glass Town, Angria, and Gondal. Selected Early Writings*, hg. von Christine Alexander, Oxford (u.a.): Oxford University Press 2010

Brontë, Charlotte: *Jane Eyre*, übers. v. Andrea Ott, © 2001 by Manesse Verlag, Zürich, in der Verlagsgruppe Random House GmbH, München

dies.: *The Professor*, Oxford: Oxford University Press 1991 (liegt dem Zitat aus dem Vorwort zugrunde)

dies.: *Der Professor*, übers. v. Gottfried Röckelein, Cadolzburg: ars vivendi [3]1993

dies.: *Shirley*, übers. v. Andrea Ott, © 1989 by Manesse Verlag, Zürich, in der Verlagsgruppe Random House GmbH, München

dies.: *Villette*, übers. v. Ilse Leisi, © 1984 by Manesse Verlag, Zürich, in der Verlagsgruppe Random House GmbH, München

Brontë, Emily: *Wuthering Heights*, Oxford: Oxford University Press 1998 (liegt den Zitaten aus dem Vorwort und der »Biografischen Notiz zu Ellis und Acton Bell« von Charlotte Brontë zugrunde)

dies.: *Sturmhöhe*, übers. v. Siegfried Lang, © 1973 by Manesse Verlag, Zürich, in der Verlagsgruppe Random House GmbH, München (liegt den Zitaten aus dem Roman zugrunde)

Smith, Margaret (Hg.): *The Letters of Charlotte Brontë*, 3 Bde., Oxford: Clarendon Press 1995/2000/2004

Über die Brontës

Alexander, Christine/Sellars, Jane: *The Art of the Brontës*, Cambridge: Cambridge University Press 1995

Alexander, Christine: *The Early Writings of Charlotte Brontë*, Oxford: Basil Blackwell 1983

dies.: *The Oxford Companion to the Brontës*, Oxford (u.a.): Oxford University Press 2006

Allott, Miriam: *The Brontës. The Critical Heritage*, London (u.a.): Routledge 1995/2001

Barker, Juliet: *The Brontës*, London: Abacus 2010

Chapple, J. A. V./Pollard, Arthur (Hg.): *The Letters of Mrs Gaskell*, Manchester: Mandolin 1997

Du Maurier, Daphne: *Doch mich verschlang das wild're Meer. Der Lebensroman des dämonischen Branwell Brontë*, München: Droemersche Verlagsanstalt Th. Knaur Nachf. 1983

Gaskell, Elizabeth: *The Life of Charlotte Brontë*, London (u.a.): Penguin 1985 (liegt den Zitaten aus der Biografie zugrunde)

dies.: *Das Leben der Charlotte Brontë*, Cadolzburg: ars vivendi 1995

Gilbert, Sandra M./Gubar, Susan: *The Madwoman in the Attic*, New Haven: Yale University Press ²2000

Glen, Heather (Hg.): *The Cambridge Companion to the Brontës*, Cambridge: Cambridge University Press ⁴2007

Hanson, Lawrence und Elisabeth M.: *The Four Brontës. The Lives and Works of Charlotte, Branwell, Emily and Anne Brontë*, Hamden, Conn.: Archon Books ⁴1967

Hewitt, Peggy: *Brontë Country. Lives & Landscapes*, Stroud: Sutton Publishing 2004

Ingham, Patricia: *Authors in Context. The Brontës*, Oxford: Oxford University Press 2008

Knight, Charmian/Spencer, Luke: *Reading the Brontës. An Introduction to their Novels and Poetry*, Haworth: The Brontë Society u.a. 2000

Maletzke, Elsemarie: *Das Leben der Brontës. Eine Biographie*, Frankfurt/M: Insel Verlag 2008

Miller, Lucasta: *The Brontë Myth*, London: Jonathan Cape 2001

Smith, Anne: *The Art of Emily Brontë*, London: Vision Press 1976

Über Haworth

Emsley, Kenneth: *Historic Haworth Today*, Bradford: Bradford Libraries 1995

Kellett, Jocelyn: *Haworth Parsonage. The Home of the Brontës*, Haworth: The Brontë Society 1977

Lemon, Charles (Hg.): *Early Visitors to Haworth. From Ellen Nussey to Virginia Woolf*, Haworth: The Brontë Society 1996

Wood, Steven: *Haworth: »A strange uncivilized little place«*, Stroud: Tempus 2005

Der Gerstenberg Verlag dankt allen Verlagen für die freundliche Genehmigung zum Abdruck. Leider war es uns nicht in allen Fällen möglich, die Rechteinhaber ausfindig zu machen; alle Ansprüche bleiben gewahrt.

Bildnachweis

Der Verlag Frances Lincoln dankt folgenden Personen und Institutionen dafür, dass sie die Reproduktionserlaubnis für die Bilder auf den im Folgenden genannten Seiten erteilt und die Fotos zur Verfügung gestellt haben:

Pauline Barfield, Keighley Local Studies Library: 104

© The Brontë Society (Fotos von Simon Warner): 7, 10, 11 o., 12, 13 o., 13 u., 15, 16 o., 16 u., 19 o., 19 u., 22, 23, 24, 26, 27 o., 27 u., 31, 33, 34, 36, 38, 40, 41, 42, 44 o., 44 u., 45, 47, 48 o., 48 u., 49, 51, 53, 54 o., 54 u., 55 o., 55 u., 56 o., 56 u., 57, 58, 59, 60 o., 60 u., 61, 62, 64, 66, 69, 70, 72, 81, 82, 85, 86, 93, 94, 95, 96, 97, 98, 99, 100, 101, 106, 107 u.r., 108 u.l., 109 u.r., 113 u., 116, 118, 120, 122 o., 122 u., 123, 124, 125 o., 125 u., 128, 130 o.l., 130 u.r., 131 o., 131 u., 132, 135, 139, 141, 142, 145 o., 145 u., 146, 148, 149 o., 149 u., 152, 155

Abbildung mit freundlicher Genehmigung von Mrs R. Trevor Dabbs: 138

Peter Kingston: 76

Eric Stoney: 107 o.r.

© Simon Warner: 11 u., 17, 20, 28, 29, 35 o., 35 u., 39 o., 46, 68, 75 o., 75 u., 78, 87, 89, 91, 92, 103, 105, 108 o.l., 109 o.r., 111, 112, 113 o., 115, 126, 150, 151

Danksagungen

Viele Fotografien in diesem Buch stammen aus dem Brontë Parsonage Museum; für die Nutzungserlaubnis danke ich der Brontë Society.

Mein Dank gilt außerdem allen, die mir beim Schreiben dieses Buches auf verschiedene Weise geholfen und mich unterstützt haben: Sarah Barrett, meine Schwester Susan Burke, Steve Cuff, Mrs Anne Dransfield, Jane Sellars, Stephen Whitehead und Steve Wood. Auch meiner Lektorin Anne Askwith möchte ich danken. Und nicht zuletzt möchte ich die Gelegenheit nutzen, den früheren und derzeitigen Mitarbeiterinnen und Mitarbeitern des Brontë Parsonage Museum meinen Dank auszusprechen.

Ann Dinsdale

Ich möchte der Brontë Society und den Mitarbeiterinnen und Mitarbeitern des Brontë Parsonage Museum für ihre unerschöpfliche Freundlichkeit und ihr Entgegenkommen danken sowie folgenden Personen bzw. Institutionen für die Erlaubnis, ihr Eigentum zu fotografieren: Hall Green Baptist Chapel, Julie und Steve Brown, Sheila Hogan und Chris Hodkin sowie Barbara Whitehead in Thornton.

Simon Warner

Die Autorin

Ann Dinsdale lebt in Haworth in West Yorkshire und arbeitet als Bibliothekarin am dortigen Brontë Parsonage Museum, der weltgrößten Sammlung von Gegenständen aus dem Besitz der Brontës. Dinsdale widmet sich in Veröffentlichungen und Vorträgen verschiedenen Aspekten aus dem Leben der Brontës. Einen Schwerpunkt ihrer Arbeit hat sie auf die Lebensbedingungen in Haworth um 1850 gelegt.

Register

Kursive Seitenzahlen verweisen auf Bildlegenden.

Einbandvorderseite: *Von links nach rechts: Anne, Emily, (Branwell) und Charlotte Brontë. Porträt von Branwell Brontë (1834).*
Einbandrückseite: *Das Pfarrhaus in Haworth, in dem die Brotës lebten.*

Die Originalausgabe erschien 2006 unter dem Titel *The Brontës at Haworth* bei Frances Lincoln Ltd, 4 Torriano Mews, Torriano Avenue, London NW5 2RZ, Great Britain
Copyright © 2006 Frances Lincoln
Text Copyright © 2006 Ann Dinsdale
Alle Rechte vorbehalten

Die deutsche Ausgabe erschien unter dem Titel *Die Brontës in Haworth* erstmals 2007.

1. Auflage 2012

Deutsche Ausgabe Copyright © 2012 Gerstenberg Verlag, Hildesheim
Alle deutschen Rechte vorbehalten
Gesetzt aus der Adobe Caslon Pro und der Snell Roundhand
Gestaltung und Satz: FELSBERG Satz & Layout, Göttingen
Druck und Bindung: Tlačiarne BB, Banská Bystrica
Printed in Slovakia
ISBN 978-3-8369-2652-2

www.gerstenberg-verlag.de